Einsingen - Das Handbuch

150 Warmups für Chor und Solisten

Fidelio-Verlag

Benedikt Lorse

Einsingen - Das Handbuch

150 Warmups für Chor und Solisten

FIDELIO
VERLAG

Bibliografische Information der Deutschen Nationalbibliothek: Die Deutsche Nationalbibliothek verzeichnet diese Publikation in der Deutschen Nationalbibliografie; detaillierte bibliografische Daten sind im Internet über www.dnb.de abrufbar.

Bestellnummer: 2015028
ISBN 978-3-00-049638-7

www.fidelio-verlag.de

Inhaltsverzeichnis

Vorwort:

Einsingen muss Spaß machen und für die kommende Chorprobe motivieren.

Jeder kennt es, jeder macht es, aber für Viele ist es eine lästige Pflichtübung jeder wöchentlichen Chorprobe: Das Einsingen vor dem eigentlichen Beginn der Chorprobe. Das gilt übrigens für Chorleiter wie für Chorsänger.

Das heißt aber nicht, dass lästige Pflichten nicht auch Spaß machen können. Gerade zum Einsingen gibt es unzählige Varianten und lustige Liedchen, die Spaß machen und die Motivation sogar noch steigern können.

Einsingen kann aber nur dann mit Spaß und Freude durchgeführt werden, wenn man einerseits weiß, warum und wozu man es überhaupt macht und andererseits genügend Übungen und Varianten zur Hand hat, um den Probenbeginn abwechslungsreich zu gestalten.

Oft liest man in der gängigen Literatur, dass sich ein guter Chor und ein guter Chorleiter schon beim Einsingen zeigen. Einsingen solle auf die Probe hinwirken, Stücke vorentlasten und exakt auf die späteren Stücke abgestimmt sein. Für Profichöre mag das zutreffend sein, für die vielen tausend Freizeit- und Laienchöre, die den Großteil der Chorlandschaft prägen, ist das jedoch vollkommen utopisch. Erstens sind die meisten Chorleiter nebenberuflich oder ehrenamtlich aktiv und haben nicht die Zeit, jede Probe so akribisch vorzubereiten und zweitens würde Einsingen dann tatsächlich zur lästigen und langweiligen Pflicht.

Genau an der Stelle setzt dieses Buch an. Das Buch ist aus der Praxis für die Praxis zusammengestellt und besonders für Freizeitchöre gedacht. Es geht nicht darum, tiefgründige Stimmbildung zu vermitteln. Vielmehr sollen unterschiedliche Möglichkeiten gezeigt werden, wie man Einsingen gestalten kann. Auf Fachbegriffe wird daher weitestgehend verzichtet. Einsingen soll Spaß machen, daher sind besonders viele lustige und klangintensive Übungen aufgenommen. Natürlich dürfen auch die klassischen Übungen nicht fehlen, aber auch die können, sollen und müssen letztendlich dem Chor und dem Chorleiter gefallen. Sehen Sie dieses Buch daher nicht als Belehrung sondern als Unterstützung und Inspiration an. Ändern Sie alle Übungen so ab, dass Sie auf Ihren Chor passen. Variieren Sie, probieren Sie aus und haben Sie Mut, eigene Ideen umzusetzen.

Zu guter Letzt noch ein kleiner Hinweis. Aus Gründen der Leserlichkeit und zum besseren Verständnis wird in diesem Buch nur die männliche Form verwendet. Wenn also von Chorleitern oder Sängern die Rede ist, sind natürlich alle Frauen eingeschlossen.

Benedikt Lorse — Gerolstein, Mai 2015

Hinweis: Alle Akkordbezeichnungen in diesem Buch entsprechen dem internationalen System (amerikanisches Modell), d.h. das deutsche H wird als B, und das deutsche B als Bb notiert.

Warum Einsingen sinnvoll ist

Einsingen zu Beginn einer Probe erfüllt gleich mehrere Zwecke, wovon drei näher beleuchtet werden sollen. Die Bedeutung der einzelnen Punkte variiert jedoch von Chor zu Chor und kann kaum pauschal benannt werden.

a) Einsingen als Anfangsritual

Ein ganz entscheidender Punkt in jeder Gruppendynamik sind Rituale und geregelte Abläufe. Gerade in einem Chor, der oftmals ein krasses Kontrastprogramm zum Alltag bildet, ist es unbedingt erforderlich, eine Einstimmung zu schaffen. Chorproben finden aus praktischen Gründen oft abends in der Woche statt. Vorangegangen sind daher häufig ein anstrengender Arbeitstag und sonstige Belastungen des Alltags. Beispielhaft kann ein Familienvater genommen werden, der morgens zu seinem Job in einem Finanzunternehmen aufgebrochen ist, den Tag mit Kundengesprächen und Meetings verbracht hat, nach der Arbeit seine Kinder von Spielfreunden abgeholt hat, anschließend kurz mit seiner Frau die anstehenden Urlaubsplanungen erörterte und nun genau auf den Punkt in die Chorprobe gehetzt kommt. Es ist verständlich, dass dieser Mann erst einmal einen Übergang braucht, bevor er sich zwei Stunden lang auf ein möglicherweise kompliziertes Chorwerk konzentrieren kann. So geht es häufig vielen Sängern. Einsingen erfüllt genau diese Übergangsfunktion. Es geht also darum, eine Atmosphäre zu schaffen, in der die Chormitglieder auf die Probe eingestimmt werden. Aus dieser Überlegung heraus sollte auch ein effektives Einsingen gestaltet sein. Fangen Sie mit etwas sehr ruhigem an, z. B. mit Atemübungen. Summen Sie ein wenig und steigern Sie anschließend langsam die Intensität. Erst wenn die Sänger zur Ruhe gekommen sind und sich mental auf das Kommende eingestellt haben, ist eine effektive Probe möglich.

b) Einsingen zum Aufwärmen

Weit häufiger wird Einsingen als einfache Aufwärmübungen verstanden. Die Stimme, die Stimmbänder und der gesamte Stimmapparat kann als großer Muskel gesehen werden, der vor Höchstbelastungen langsam und sanft aufgewärmt werden muss. Jeder Sportler wird es kennen: Vor dem eigentlichen Training steht das Aufwärmen an, um die Muskulatur zu erwärmen, Verletzungen vorzubeugen und eine dauerhafte Belastung zu ermöglichen. Niemand würde ohne Aufwärmung einen 100 m Sprint o.ä. beginnen. Das gleiche kann auch auf die Stimme übertragen werden. Leichte, einfache Übungen sind daher gut geeignet, um die Stimme auf die folgende Belastung vorzubereiten.

c) Einsingen als Stimmbildung

In der Literatur am häufigsten thematisiert wird die stimmbildnerische Funktion des Einsingens. Demnach wird in der ersten Phase hauptsächlich Stimmbildung betrieben. Stimmbildung bedeutet die Vermittlung von Gesangstechniken, Wissen um den Stimmapparat und Formen eines individuellen Chorklangs. Da die meisten Menschen ein eigenes intrinsisches Konzept von Stimme und Gesang haben, was sich über viele Jahre im Alltag heraus kristallisiert hat, ist es sehr aufwändig und zeitintensiv, diese Vorstellungen zu ändern und die Stimme zu formen. Daher benötigt man für eine spürbare Klangveränderung durch Stimmbildung sehr viel Zeit. Es ist daher erforderlich, regelmäßig, im besten Falle in jeder Probe, Einheiten zu diesem Aspekt zu absolvieren. Der Stimmbildungsaspekt kann aber nur schwer auf alle Chöre übertragen werden, da Grundvoraussetzungen erforderlich sind, die nicht jeder Chor erfüllt. So muss der Chorleiter, wenn er die Einheiten durchführen soll, selbst einige Erfahrung in dem Bereich haben und ein großes Wissen über Gesangstechniken und die entsprechende Didaktik mitbringen. Die wenigsten Chöre können sich schließlich einen eigenen Stimmbildner oder Gesangspädagogen leisten.

Stimmbildung ist jedoch nicht nur erforderlich, um Alltagskonzepte von Stimme und Gesang zu überwinden, sondern auch, um einen einheitlichen Chorklang zu kreieren. Eine häufige Diskussionsfrage ist dabei, ob sich Chorgesang von solistischem Gesang unterscheidet. Viele Stimmbildner negieren das – und technisch haben sie recht. Die Gesangstechniken sind gleich, egal ob im Chor oder solistisch. Es gibt viele Techniken und Kniffe, die man erlernen kann, um eine feste, klare Stimme mit großem Umfang zu erreichen. Das ist unabhängig von der Form des Singens. Jedoch geht Chorgesang noch einen Schritt weiter: Ein Chor soll meistens als Gesamtklang wahrgenommen werden, in dem sich die individuellen Stimmen vermischen. Das lässt sich jedoch nur erreichen, wenn alle Sänger auf die gleichen Konzepte und Einstellungen zurückgreifen können. Dazu benötigt es chorischer Stimmbildung, die sich dieses Ziel setzt. Ein gutes Beispiel dafür sind verschiedene Vokalfarben. Jeder Vokal kann offen oder geschlossen, hell oder dunkel erklingen. Unterschiedliche Vokalfarben können unmittelbar Intonationsprobleme und andere Störquellen bedingen. Eine gemeinsame Einstellung zu finden ist daher wichtigstes Ziel der Stimmbildung im Chor, Vokal- und Klangübungen sind dafür hervorragend geeignet.

Wie schon zu Anfang erwähnt, ist die Ausprägung der genannten Punkte von Chor zu Chor unterschiedlich. Der stimmbildnerische Aspekt wird vielleicht eher für Profichöre und ambitionierte Laienchöre gelten, während bei der Mehrzahl der Freizeitchöre doch eher die Punkte Einstimmung und Aufwärmen eine Rolle spielen. Natürlich sind alle Aspekte immer Idealvorstellungen. Auch ein vom Alltag gestresstes Chormitglied wird die Probe überstehen, wenn einmal auf das Einsingen verzichtet oder es verkürzt wird. Einsingen ist daher auch keine Pflicht, aber es hilft ungemein.

Wie lange sollte gutes Einsingen dauern?

Über die Frage, wie lange Einsingen dauern soll streiten sich die Geister und man wird zahllose unterschiedliche Meinungen hören. Es gibt Chorleiter, die mit fünf Minuten auskommen, es gibt Chorleiter, die die Anfangsphase bis zu 30 Minuten ausdehnen. Es kommt letztlich immer auf den einzelnen Chor, die Intention des Chorleiters und besonders auf die Zielführung an. Natürlich wird ein Chor nach langem Einsingen besser vorbereitet sein und vielleicht klarer und reiner singen, als der Chor der nur fünf Minuten aufgewärmt wurde. Dafür hat letzterer aber auch 25 Minuten länger Zeit, an

den Stücken zu üben. Es ist daher immer eine Kosten-Nutzen-Rechnung. Langes Einsingen raubt extrem viel Probenzeit, die mitunter am Ende fehlt.
Zudem kommt es sicherlich auch immer darauf an, in welcher Probenphase man sich befindet. Steht unmittelbar ein Konzert bevor, kann ein langes Einsingen durchaus Sinn machen, um Intonation, Klangfarbe und Volumen optimal vorzubereiten, sodass ein optimaler Chorklang erreicht werden kann. Wenn eine Probe aber dazu genutzt werden soll, ein neues Stück zu erarbeiten, ist es vermutlich zweitrangig, wie exakt der Ton intoniert wird, solange es um die reine Erarbeitung des Notentextes geht und die Sänger gerade zum ersten Mal einen schwedischen Text auszusprechen versuchen. In einem solchen Fall würde auch das längste Einsingen nicht helfen.

I. Körperwarmups und Rhythmik

Körperwarmups erfüllen hauptsächlich zwei Funktion: Sie erhöhen das Bewusstsein und die Sensibilität für den eigenen Körper, was ein wichtiger Faktor beim Singen ist, und sie dienen dem „Ankommen“ zu Beginn einer Probe. Viele Chorproben im Freizeit- und Laienbereich finden während der Woche abends statt. Die Sängerinnen und Sänger hatten vielleicht einen anstrengenden Arbeitstag oder andere stressige Erlebnisse zuvor. Es ist daher oft schwer, ohne Übergang in eine intensive und konzentrationserfordernde Chorprobe zu starten. Zudem kann mithilfe einfacher Körperwarmups auch die am Singen beteiligte Muskulatur gelockert und gedehnt werden. Über den stimmlichen Nutzen und die Kosten-Nutzung-Rechnung kann man sicherlich leidenschaftlich diskutieren, als Anfangsritual und zur körperlichen Einstimmung haben sie sich jedoch bewährt.

Körperwarmups

Übung 1: Schultern kreisen

Lassen Sie Ihre Schultern nach vorn und hinten kreisen. Beginnen Sie mit der rechten Schulter zuerst nach vorne und dann nach hinten. Wiederholen Sie das gleiche mit der linken Schulter. Danach lassen Sie beide Schultern gemeinsam kreisen, erst nach vorne, dann nach hinten. Besonders schwer ist es, eine Schulter nach vorne und die andere nach hinten kreisen zu lassen.

Übung 2: Auf der Stelle laufen

Beginnen Sie langsam auf der Stelle zu gehen, werden Sie immer schneller bis Sie tatsächlich laufen. Werden Sie wieder langsamer und wiederholen Sie die Übung.

Übung 3: Das Pendel

Pendeln Sie bei festem Stand abwechselnd nach vorne und hinten sowie zu den Seiten.

Übung 4: Kauen und Gähnen

Machen Sie gemütliche Kaubewegungen. Gähnen Sie ausgiebig. Streichen Sie sich anschließend über die Wangen und massieren Sie Ihre Kiefermuskulatur.

Übung 5: Zum Himmel greifen

Heben Sie Ihre Arme über den Kopf nach oben und strecken Sie sich so weit wie möglich. Beugen Sie sich nun behutsam zur rechten und zur Linke Seite, bis Sie ein leichtes Gefühl der Dehnung in Ihrer Seite spüren.

Übung 6: Lippen flattern

Lassen Sie Ihre Lippen flattern, indem Sie sie beim ausatmen vollkommen entspannen. Je nach Größe des Raums und dem verfügbaren Platz zwischen den einzelnen Sängern kann es sinnvoll sein, sich bei dieser Übung eine Hand vor den Mund zu halten

Übung 7: Füße kreisen

Es ist gar nicht so leicht, längere Zeit auf einem Bein zu stehen. Noch schwieriger wird es, wenn Sie auf einem Bein stehen und den anderen Fuß um sein Gelenk kreisen lassen. Tipp: Konzentrieren Sie sich auf den kleinen Zeh des Standfußes.

Übung 8: Alltag abschütteln

Schütteln Sie Arme und Beine aus. Gehen Sie langsam vor und verkleinern Sie den zu schüttelnden Körperbereich. Schütteln Sie zum Beispiel erst den ganzen Arm aus, dann nur die Hand und später einzelne Finger. Das gleiche kann auch auf Beine und Füße übertragen werden

Übung 9: Alltag abstreifen

Lassen Sie die Sorgen des Alltags zurück. Streichen, Klopfen und massieren Sie Ihren Körper von oben nach unten und streifen Sie den Alltag ab.

Übung 10: Der Kompass

Strecken Sie ihre Arme rechts und links vom Körper aus und drehen sie sich nun abwechselnd nach links und rechts. Wichtig: Die Füße bleiben die ganze Zeit fest verankert.

Übung 11: Kopf hängen lassen

Beugen Sie sich nach vorne über und lassen Sie Kopf, Arme und Rumpf entspannt vorne über hängen. Richten Sie sich nun langsam entlang Ihrer Wirbelsäule auf. Zuletzt richten Sie auch den Kopf wieder auf.

Übung 12: Nasenmalerei

Schreiben Sie mit Ihrer Nase Worte in die Luft. Diese Übung dient der Sensibilisierung der eigenen Körperwahrnehmung.

Übung 13: Aufgehende Sonne

Atmen Sie ein und heben Sie dabei die Arme vor dem Körper nach oben. Strecken Sie sich und lassen Sie die Arme dann eine Kugel (Sonne) nach außen zeichnen.

Übung 14: Kopf kreisen

Lassen Sie Ihren Kopf kreisen. Einmal mit und einmal gegen den Uhrzeigersinn. Achten Sie darauf, diese Übung sanft und mit Bedacht durchzuführen.

Rhythmusübungen

Rhythmusübungen sind nicht nur spannende Warmups zu Beginn einer Probe, die jeden einzelnen fordern und fesseln, sie erfüllen auch noch andere Zwecke. Einerseits werden selbstredend auch Rhythmen trainiert, andererseits dienen sie auch einer bewussten Fokussierung auf den Chorleiter, da sie meist call-and-response durchgeführt werden. Die einfachste Form sieht so aus, dass der Chorleiter einen Rhythmus vorklatscht und der Chor ihn nachklatscht. Es empfiehlt sich dabei, beim Wechsel zwischen Chor und Chorleiter das Metrum einzuhalten, d.h. die beiden Gruppen sollten nahtlos im Takt anknüpfen. Man kann sogar während der gesamten Rhythmusübung ein Metronom nebenbei laufen lassen. Gerade Klatschen in einer Gruppe hat viel Potenzial zu Tempoabweichungen. Im Folgenden sind einige Rhythmen aufgeführt, die in dieser Reihenfolge verwendet werden können. Natürlich gibt es unzählige andere Rhythmen, Taktarten und Metren, die man ausprobieren kann. Daher sind die folgenden Angaben nur eine Möglichkeit und sollen dazu auffordern, eigene Ideen umzusetzen.

Übung 1: Ein-Takt-Rhythmen

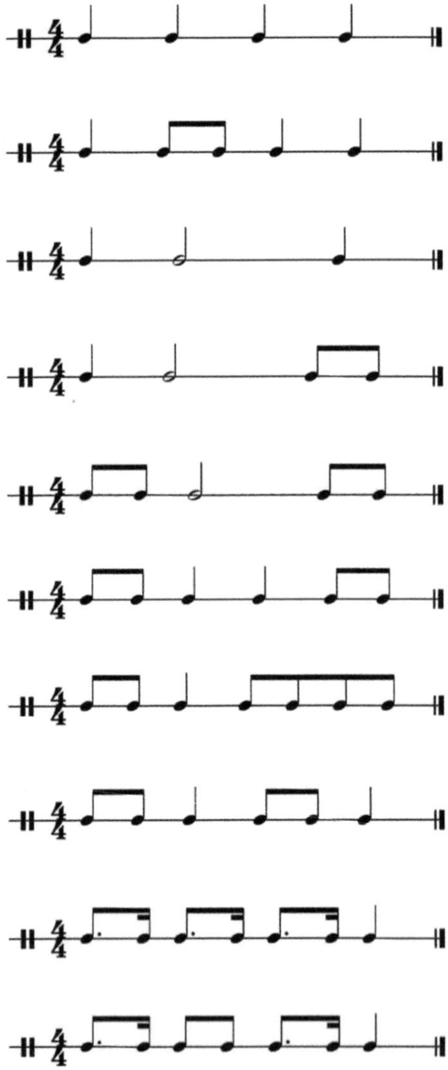

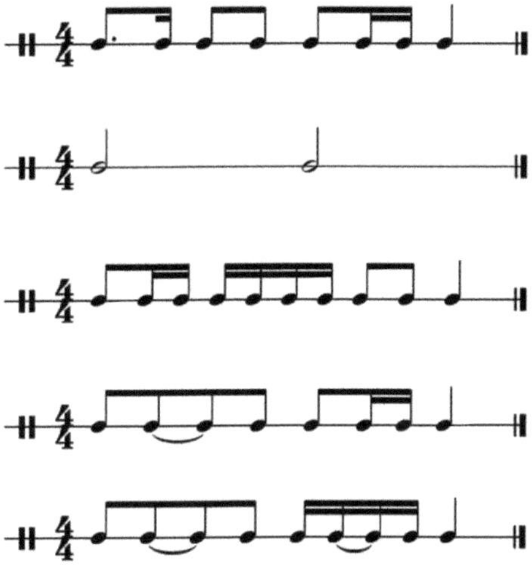

Übung 2: Zwei-Takt-Rhythmen

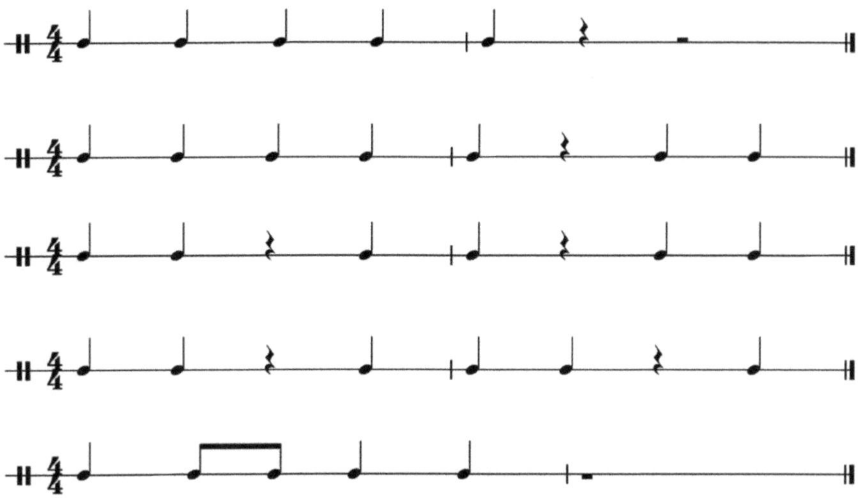

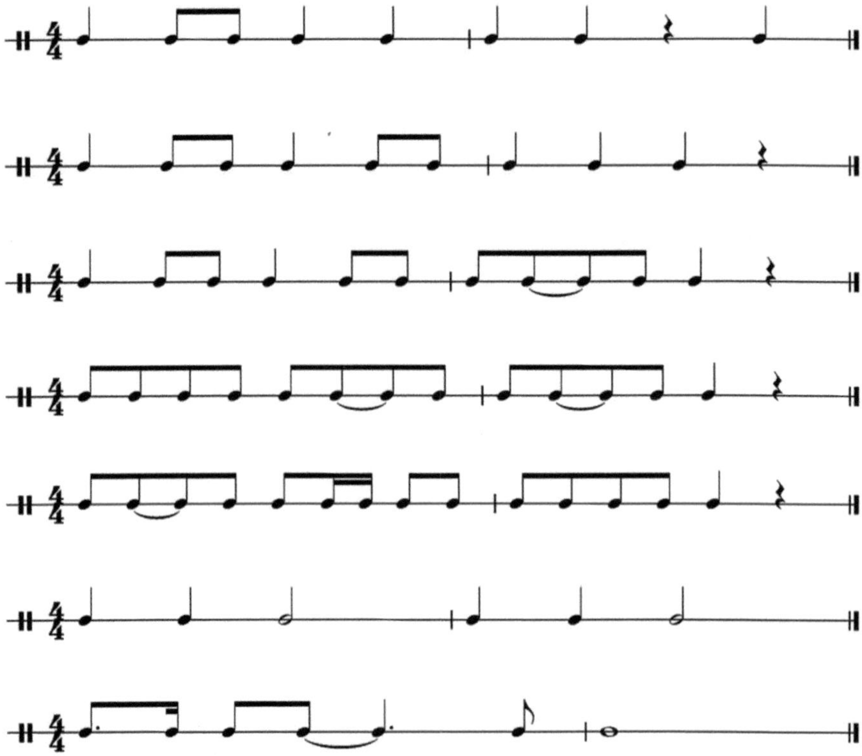

Praxistipp: Rhythmische Probleme

Niemals sonst gibt es so viele rhythmische Probleme wie beim Klatschen im Chor. Üblicherweise wird der Chor immer schneller, so oftmals auch bei oben stehenden Übungen. Gerade bei schneller Rhythmik kommt es auch vor, dass ein Chor zu langsam klatscht. Das liegt nicht selten daran, dass das Klatschen ineffektiv durchgeführt wird. Zum Klatschen ist eigentlich nur eine kleine Handbewegung notwendig – die Hände müssen sich nicht weit auseinander bewegen. Nicht wenige Sänger greifen aber lieber auf große, ausschwingende Armbewegungen zurück. Das führt dazu, dass die Hände beim Klatschen nicht schnell genug wieder zusammen geführt werden können. Große, ausladende Bewegungen sind also oftmals ein Hauptgrund für unpräzises Klatschen.
Und wenn der Chor immer schneller wird? Nehmen Sie zur Übung einen langsamen 4/4- Takt und stellen Sie ein Metronom ein. Klatschen Sie immer auf Schlag 1 des Taktes. Halbieren Sie am Metronom nun das Tempo, zählen aber gleich weiter, erklingt der Ton des Metronoms nur noch jeden zweiten Schlag. Das können Sie nun beliebig fortführen. Immer seltener wird der Kontrollton des Metronoms erklingen. Sie jedoch müssen weiter in Time zählen. So kann allmählich ein gleichbleibendes Tempo geprobt werden. Da mittlerweile Smartphones weit verbreitet sind, kann sich auch jeder Sänger eine Metronom-App herunterladen und die Übung alleine durchführen: im Bus, in der Bahn oder sonst wo. Dazu ist noch nicht einmal Klatschen erforderlich. Ein Tippen auf ein Bein, oder gar das reine Mitdenken im Kopf sind ausreichend.

Weitere effektive Rhythmusübungen lassen sich unter dem Stichwort „Bodypercussion“ finden. Beim Bodypercussion wird der Körper als Percussion-Set genutzt um unterschiedliche Geräusche zu erzeugen. Klatschen, Klopfen auf die Brust oder Abklatschen des Körpers lassen gerade in der Gruppe die Erzeugung teils sehr komplexer Rhythmen zu.

II. Atmung

Die Atmung gilt zu Recht als wichtiger Stützpfeiler beim Singen. Schwieriger ist es jedoch, das einem Chor so zu erklären, dass dieser den Umstand nicht nur versteht, sondern auch nachhaltig umsetzt. Dafür gibt es vermutlich kein allgemeines Konzept. Es gibt aber Übungen und Methoden, die Atmung als wichtigen Teil des Singens zu vermitteln und zu etablieren.

Grundproblem

Das grundlegende Problem in der Vermittlung von Atemtechniken liegt darin, dass sich die Atmung beim Singen grundlegend von der alltäglich, normalen Atmung unterscheidet. Im Alltag ist die Zeitdauer von Ein- und Ausatmung ungefähr gleichlang, teilweise wird sogar länger eingeatmet. Beim Singen verhält es sich genau anders herum. In einem kurzen Zeitraum muss viel Luft eingeatmet werden, die dann über einen langen Zeitraum (nämlich beim Singen) langsam entweicht. Da die Zeit, die Menschen mit Singen verbringen, bei den meisten Menschen verhältnismäßig gering ist, überwiegt unser alltägliches Konzept von Atmung, auch, wenn man zumindest theoretisch den Unterschied kennt.

Mögliche Lösungswege

Es ist daher wichtig, den Unterschied zwischen alltäglicher Atmung und der Atmung beim Singen immer wieder zu verdeutlichen. Generell gibt es zwei bewährte Konzepte, um solche Techniken zu vermitteln:

a) Die kontinuierliche Wiederholung

Die Wichtigkeit der Atmung sollte immer wieder betont und geübt werden. Nur, wenn regelmäßig beim Einsingen Übungen zur Atmung durchgeführt werden, kann der Chor diese verinnerlichen und nachhaltig anwenden. Einzelne Schwerpunktstunden oder Workshops sind sicherlich hilfreich, um intensiv in die Thematik einzusteigen, es ist aber fraglich, wie lange das Gelernte auch umgesetzt wird. Für einen nachhaltigen Effekt sind meistens kontinuierliche Übungen erforderlich.

b) Die praktische Erfahrung der Unterschiede

Besser als jede Theorie ist die praktische Erfahrung. Lassen Sie Ihren Chor hören und spüren, welchen klanglichen Unterschied verschiedene Atemtechniken bewirken. Besonders eindrucksvoll funktioniert das mit sehr harmonischen, breiten und klangvollen Sequenzen. Lassen Sie den Chor zunächst ohne besondere Instruktion die Stelle singen. Fordern Sie anschließend zu einer bewussten Atmung auf. Die Grundzüge einer bewussten Atmung werden dazu auf der Folgeseite noch einmal ausführlich erklärt. Sie werden garantiert einen enormen klanglichen Unterschied erzeugen. Ob dies letztendlich auf eine geänderte Atmung, oder eher auf die damit erzeugte höhere Konzentration zurückzuführen ist, ist zweitrangig. Bewusste Atmung erzeugt immer einen reineren und volleren Klang.

Kurze Theorie der Atmung

An der Atmung sind mehrere Komplexe beteiligt: Die Lunge, die Luftröhre mit dem Kehlkopf als Abschluss, das Zwerchfell, die Zwischenrippenmuskulatur sowie die Bauch- und Rückenmuskulatur.

Dem Zwerchfell kommt dabei eine besondere Bedeutung zu. Das Zwerchfell ist ein Muskelband, das horizontal im Körper liegt und Bauch- und Brustraum voneinander trennt. An das Zwerchfell angeschlossen ist die Lunge. Die Lunge selbst ist kein Muskel und kann sich daher nicht alleine dehnen und zusammenziehen. Diese Aufgabe übernimmt das Zwerchfell. Wenn es sich absenkt, weitet sich der Brustraum, sodass Luft einströmen kann. Die Aktivität des Zwerchfells sieht man an der Bauchdecke. Wenn sich der Bauch nach außen wölbt, ist dies ein sichtbares Zeichen für die Absenkung des Zwerchfells, was einhergehend die Organe etwas nach außen drückt. Diese Form der Atmung nennt sich **Zwerchfellatmung**. Der Brustraum lässt sich jedoch auch noch mithilfe der Rippenmuskulatur erweitern. Dazu dehnt sich der untere Brustkorb (die unteren Rippen) nach außen, wodurch eine Weitung erzielt wird. Diese Atmung nennt sich **Flankenatmung.**

Zum Singen greift man meist auf eine Mischung beider Atmungen zurück um möglichst viel Luft einzuatmen und gleichzeitig einen konstanten Luftaustritt zu ermöglichen (Stütze). Für die Atmung im Chor kann daher vereinfacht folgende Anleitung zur Atmung gegeben werden: Die Luft sollte einströmen und nicht verkrampft angesaugt werden. Bildlich gesprochen sollte sich der Körper von unten nach oben mit Luft füllen. Erst strömt die Luft bildlich tief in den Bauch, dann seitlich in die Rippen und dann mit einer Aufrichtung verbunden in den vorderen Brustkorb. Achten Sie darauf, nicht so viel Luft einzuatmen, dass sich die Schultern krampfhaft heben. Dadurch erreicht man lediglich einen hinderlichen Verschluss der Atemwege. Um wieder auf ein Bild zurückzugreifen: Wenn die Luft knapp unterhalb der Schulter steht, reicht es vollkommen aus.

Übungen

Es gibt unzählige verschiedene Atemtechniken und Übungen, diese einzustudieren. An dieser Stelle sollen nur einige wenige Grundübungen, die sich zur alltäglichen Probenarbeit eignen, beschrieben werden.

Übung 1: Kirschkuchen mit Sahne

Schließen Sie die Augen und stellen Sie sich den köstlichen Geruch von Kirschkuchen mit Sahne vor. Alternativ kann natürlich auch auf jedes andere beliebte Gericht zurückgegriffen werden.
Lassen Sie nun diesen wohltuenden Geruch tief durch Ihre Nase einströmen. Verändern Sie sukzessive Ihre Fokussierung. Nachdem Sie zweimal ohne Anweisung den Geruch eingesogen haben, achten Sie nun darauf, den Geruch in den Bauch einzusaugen und nach und nach den Bauch, den Raum der Rippenbögen und den Brustkorb mit dem Geruch zu füllen. Das alles passiert mit der Ruhe, mit der man den Geruch von Kirschkuchen und Sahne an einem ruhigen Sonntagnachmittag einsaugt.

Übung 2: Schwere Zeiten

Atmen Sie durch den Mund tief ein und mit einem großen Seufzer wieder aus. Lassen Sie dabei Ihren Körper folgen, indem Sie leicht zusammenfallen. Wiederholen Sie die Übung mehrfach.

Übung 3: Luftballon

Atmen Sie nach oben beschriebenem Muster tief ein und lassen Sie die Luft langsam und konstant entweichen. Es geht darum, einen möglichst langen und konstanten Luftstrom zu erreichen. Messen Sie ruhig die Zeit und vergleichen Sie, ob Sie eine Steigerung zwischen verschiedenen Chorproben feststellen können.
Die Übung kann in verschiedenen Varianten auf verschiedene Laute durchgeführt werden. Jeder Konsonant hat dabei eine andere Mundöffnung und einen anderen Schwierigkeitsgrad.
Diese Übung wirkt noch intensiver, wenn sie im Liegen durchgeführt wird. Wer seine Hand auf den Bauch unmittelbar unterhalb der Rippen legt, kann die Einatmung sehr bewusst spüren.

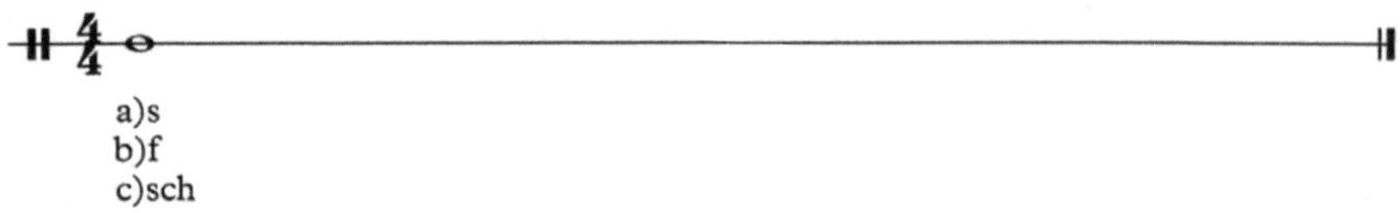

Übung 4: Lokomotive

Das Zwerchfell dient nicht nur der Einatmung, sondern maßgeblich auch der Ausatmung. Gerade beim Singen ist eine Stützung durch den Zwerchfellmuskel von großer Bedeutung. Das kann durch kurze kraftvolle Laute mit einem bewussten Einsatz des Zwerchfells geübt werden. Zu Beginn eignet sich die Variante f-s-sch, da sie einen weichen Einstieg ermöglicht. Aber auch p-t-k eignet sich für diese Übung.

Variante a)

Leichter Einstieg auf weicheres f, s, und sch

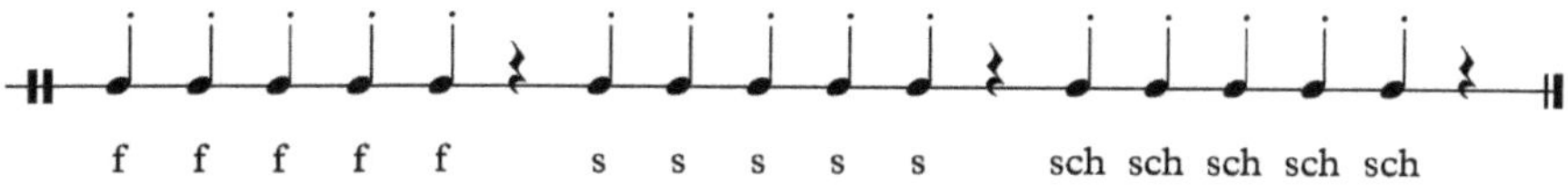

Variante b)

Härtere Konsonanten p, t und k

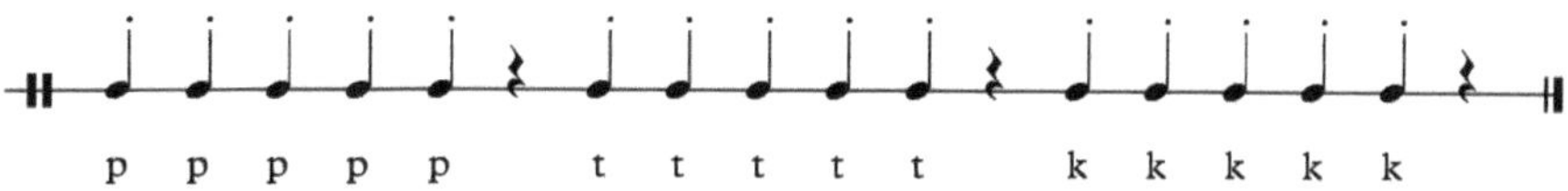

Übung 5

Um die Geschwindigkeit zu steigern und die Artikulationsgenauigkeit zu trainieren, eignet sich die folgende Übung. Beginnen Sie langsam und werden Sie dann immer schneller.

Variante a)

Diesmal sind die Laute p, t und k leichter, da für sie weniger Luft aufgewendet werden muss und somit weniger Konzentration auf die Atmung verwendet werden muss.

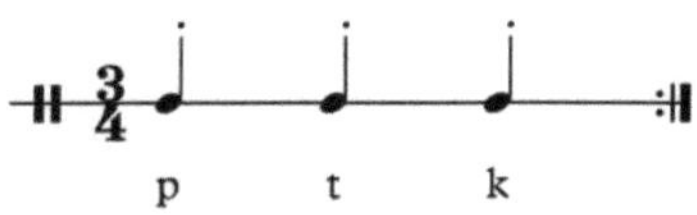

Variante b)

Schwerere Variante auf f, s und sch

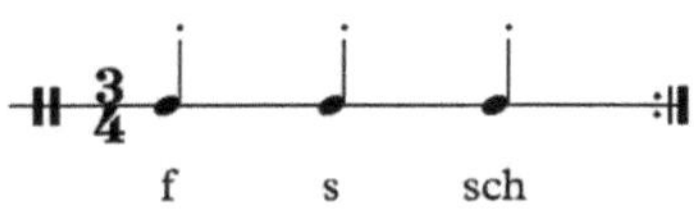

Variation:

Anstatt f-s-sch oder p-t-k in einer festgelegten Reihenfolge durchzuführen, kann dies auch auf Zeichen geschehen. Legen Sie für jeden Laut ein Zeichen fest, z.B. eine die Luft senkrecht schneidenden flache Hand für s, eine waagerechte für sch und eine nach vorne gerichtete Faust als sch. Sie als Chorleiter entscheiden nun, wie oft welcher Laut kommen soll. Ihr Chor ist zum aufmerksamen Zusehen gezwungen.

Übung 6: Nichts als heiße Suppe

Kühlen Sie einen fiktiven Löffel Suppe indem Sie mehrmals pusten. Führen Sie die Übung wie im Alltag durch. Atmen Sie unbewusst ein, pusten Sie, atmen Sie wieder ein und pusten Sie erneut.

Übung 7

Achten Sie bei der folgenden Übung auf eine gleichmäßige Durchführung, sowohl im Tempo als auch in der Dynamik.

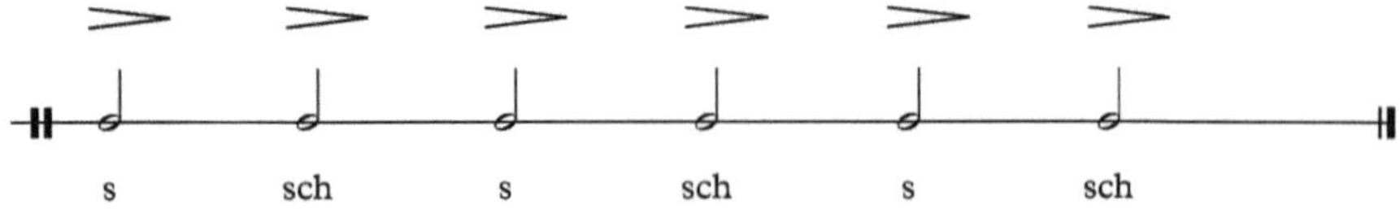

III. Summen

Am Anfang einer jeden Probe zu summen, bevor man mit Vokalen, Silben oder ganzen Texten singt, hat gleich mehrere Vorteile, die nicht nur stimmphysiologischer Art sind.

Summen ist leise

Gerade weil Summen leise ist, hilft es, die Konzentration zu steigern. Die Effekte sind dabei ähnlich wie bei einer Meditation. Es bildet damit einen Gegenpol zum oft lauten und hektischen Alltag. Genau wie Körperpercussion oder Körperwarmups dient es also der rituellen Einstimmung und Konzentrationsfokussierung.

Summen bringt den Körper zum Schwingen

Summen bringt den Körper innerlich wie kaum eine andere Art der Tonerzeugung zum Schwingen. Dadurch wird die Körperwahrnehmung gestärkt.

Summen ist einfach

Es fällt den meisten Menschen schwer, sich auf verschiedene Aspekte gleichzeitig zu konzentrieren. Singen in seiner Vielfalt ist dabei unwahrscheinlich komplex. Atmung, Vokalbildung, Texte, Tonhöhen,

Lautstärke, Körperhaltung und vieles mehr muss gleichzeitig beachtet werden. Summen schaltet gleich mehrere Faktoren aus, sodass eine Fokussierung auf spezielle Punkte ermöglicht wird. So kann beispielsweise vor dem Summen die Anweisung gegeben werden, sich auf die Atmung zu konzentrieren.

Summen befreit

Nichts befreit Stimmbänder besser von Belägen als Summen. Durch die gleichmäßige Schwingung werden Beläge sanft und nachhaltig abtransportiert. Das reflexartige Räuspern bei belegter Stimme hingegen erzeugt das genaue Gegenteil. Die Stimmbänder schlagen heftig gegeneinander. Die folgende Reizung bewirkt eine schnelle Nachproduktion von Belägen.

Summen als Selbsteinschätzung

Summen ist ein Indikator für Stimmprobleme. Bei einer gesunden Stimme ist Summen eine ausgesprochen angenehme Tätigkeit, bei der die Stimmbandränder ungehindert und frei schwingen können. Sollten Sie Probleme beim Summen feststellen (geringer Ambitus, große Anstrengung, kein klarer Ton), kann dies ein Anzeichen von falscher Körperhaltung oder Atmung sein. Ein Stimmbildner kann Ihnen in diesem Fall weiterhelfen.

Übungen

Beginnen Sie Summ-Übungen immer ganz leise. Es geht schließlich darum, ein erstes Mal in der Chorprobe zusammen zu singen. Daher sind auch ganz einfache Intervalle zu Beginn vollkommen ausreichend. Achten Sie darauf, entspannt zu summen. Summen muss immer eine gewisse Leichtigkeit haben.

Übung 1

Variante a)

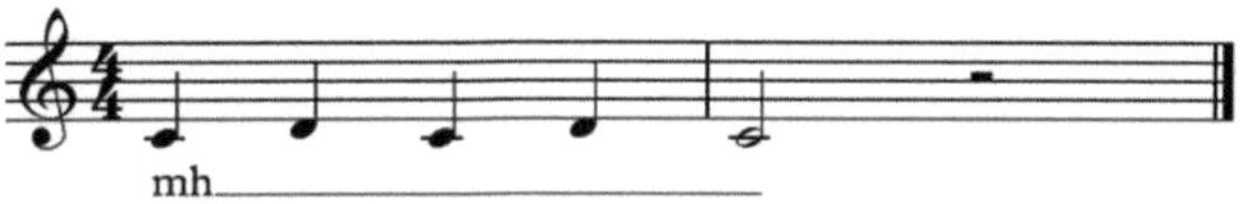

↗ Chromatisch aufwärts

Variante b)

Alternativ kann am Ende auch noch eine Quinte angehangen werden.

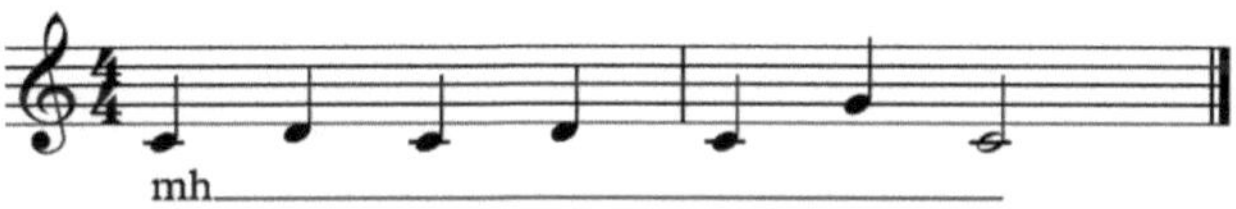

↗ Chromatisch aufwärts

Übung 2

Generell sind Quinten viel schwerer zu singen als man gemeinhin glaubt. Besonders eine gute Intonation und somit ein sauberes Intervall zu singen, ist gar nicht so einfach. Daher bietet es sich auch an, einfach zu Beginn einmal Quinten zu summen.

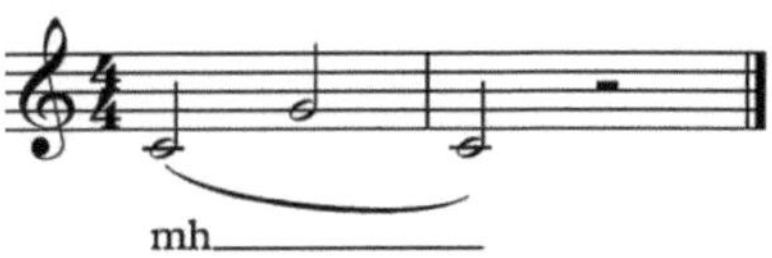

↗ Chromatisch aufwärts

Übung 3

Variante a)

Achten Sie bei dieser Tonfolge darauf, dass tatsächlich Legato gesungen wird. Die einzelnen Töne sollten nicht erneut angestoßen werden.

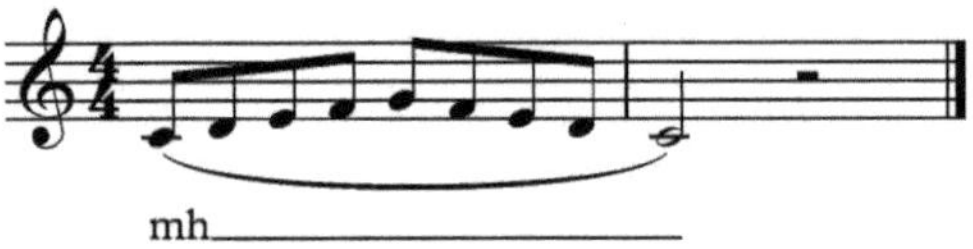

↗ Chromatisch aufwärts

Variante b)

Alternativ kann am Ende wieder eine Quinte eingefügt werden.

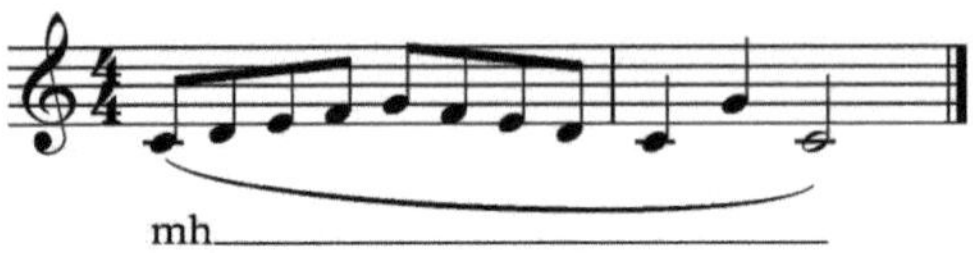

↗ Chromatisch aufwärts

Variante c)

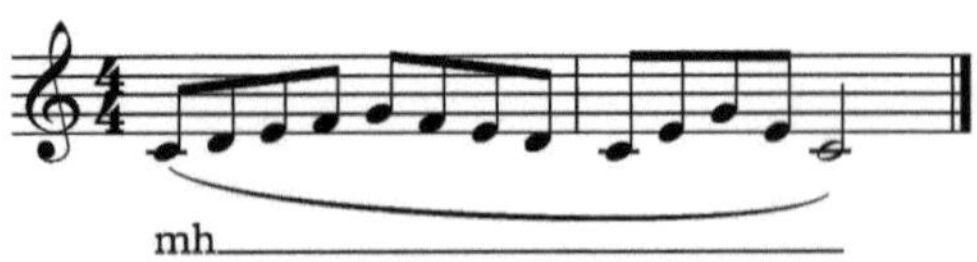

↗ Chromatisch aufwärts

Übung 4

Auch diese Übung sollte Legato, ohne erneute Tonanstoßung gesungen werden.

Variante a)

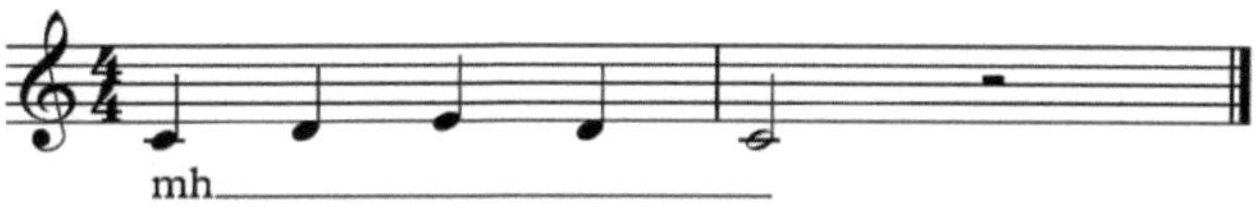

↗ Chromatisch aufwärts

Variante b)

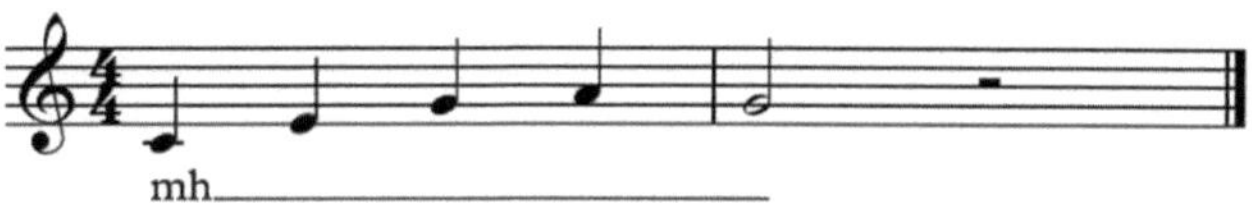

↗ Chromatisch aufwärts

Variante c)

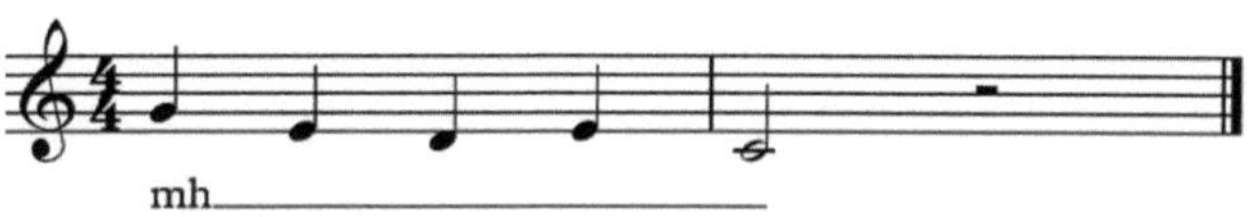

↗ Chromatisch aufwärts

Übung 5

Bei dieser Übung wird die Tonleiter gesummt, wobei jedes Mal wieder auf den Grundton zurückgekehrt ist. Schleifen Sie dabei die Töne bewusst an, springen Sie also nicht direkt auf den Zielton.

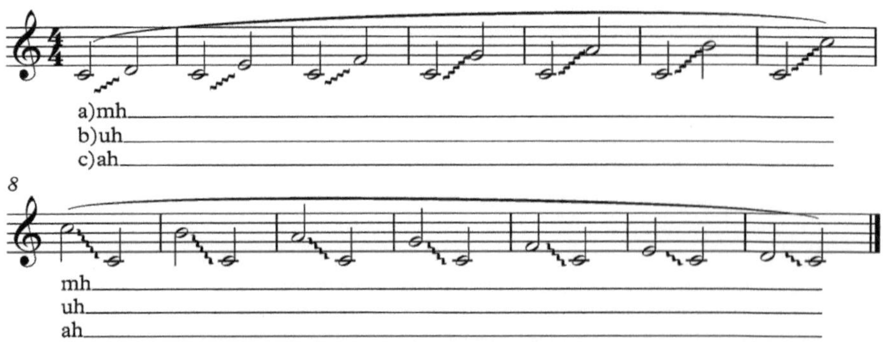

Praxistipp: Was versteht man unter *Töne anschleifen?*

Töne anschleifen bezeichnet in der Gesangstheorie das Ansingen eines Tones unter Zuhilfenahme anderer Töne. Meist werden Töne von unten angeschliffen. Der Ton wird dabei nicht direkt getroffen, sondern die nächsttieferliegenden Töne werden sukzessive angesungen, bis der Zielton erreicht ist. Das ganze läuft zeitlich sehr schnell ab, ist aber dennoch hörbar und kann gerade im Chor den Klang negativ verwässern.

Während des Einsingens kann es aber trotzdem sinnvoll sein, da alle Töne abgedeckt werden und zudem eine gleichmäßige Schwingung der Stimme leichter aufrechterhalten werden kann. Es sollte dabei jedoch bewusst eingesetzt werden und nicht in den Rest der Probe übertragen werden.

IV. Einsingen aufwärts

Es entspricht einer allgemeinen Logik, dass Einsingübungen immer in einer Stimmlage begonnen werden sollten, die ohne Anstrengung zu bewältigen ist. Nach und nach kann man davon ausgehend in die Randlagen vordringen, diese belasten und durch Übung auch weiter ausbauen. Für eng gesetzte Einsingübungen bietet sich daher oftmals ein Beginn in C-Dur an, für Vierklangübungen in A-Dur. Natürlich kann dies von Chor zu Chor variieren.
Eine weitere Möglichkeit besteht darin, die Stimmen zu splitten und eine Binnendifferenzierung vorzunehmen. So kann man die Einsingübungen auch in A-Dur und zunächst nur mit Bass und Alt beginnen lassen. Ab C-Dur kommen dann der Tenor und der Sopran dazu. Das gleiche würde dann für die hohen Töne gelten. Ab einer gewissen Grenze würden dann nur noch der Tenor und der Sopran weitersingen. Diese Form macht Einsingen komplizierter, erfordert eine höhere Konzentration und kann daher eine anspruchsvolle Steigerung darstellen.

Einfache Übungen in enger Lage

Übung 1

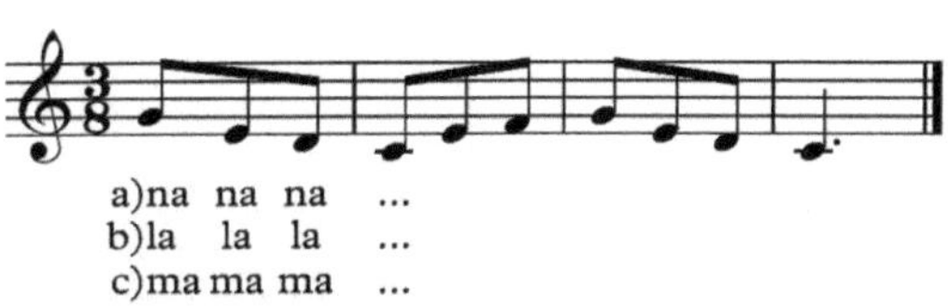

↗ Chromatisch aufwärts

Übung 2: Morgenstimmung

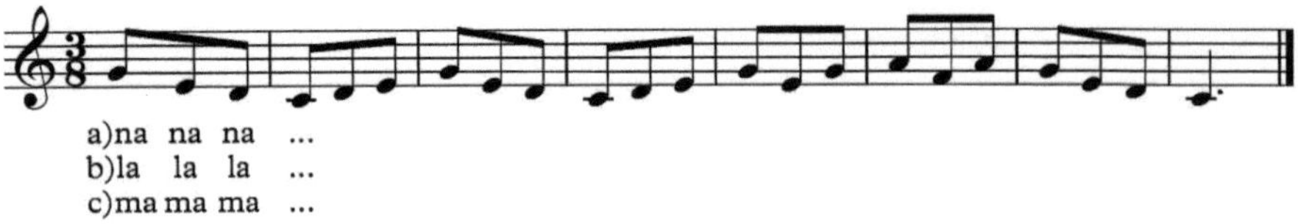

↗ Chromatisch aufwärts

Übung 3: Fußballstadion

Die folgende Übung eignet sich hervorragend, um Chören zu zeigen, welche Lautstärke man erreichen kann. Es ist vollkommen normal, dass man besonders laute Töne und besonders leise Töne schwerer in ihrer Intonation kontrollieren kann, als die mittleren Lautstärken. Daher neigen manche Chöre und Chorsänger dazu, ihr stimmliches Potenzial nicht ganz auszunutzen. Dennoch ist es manchmal erforderlich, wirkliche Lautstärke im Chor zu erzielen. Um ein Gefühl dafür zu erlangen, was möglich ist, sind Fangesänge aus dem Fußball ein bewährtes Mittel. Worum geht es sonst im Stadion, wenn nicht darum, mit Lautstärke die gegnerischen Fans zu übertönen?

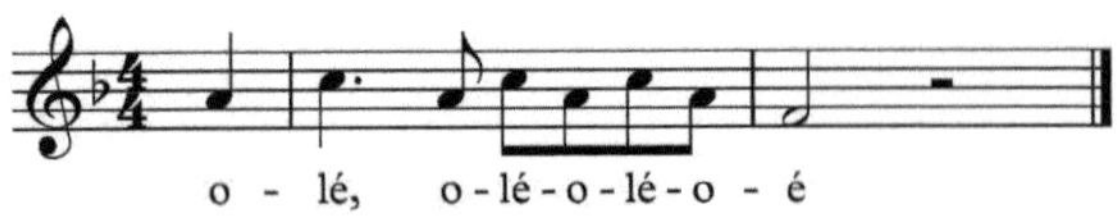

↗ Chromatisch aufwärts

Übung 4

Die folgende Übung ist eine einfache Lockerungsübung für Lippen und Stimme. Versuchen Sie, die Übung unverkrampft und ohne Anspannung durchzuführen.

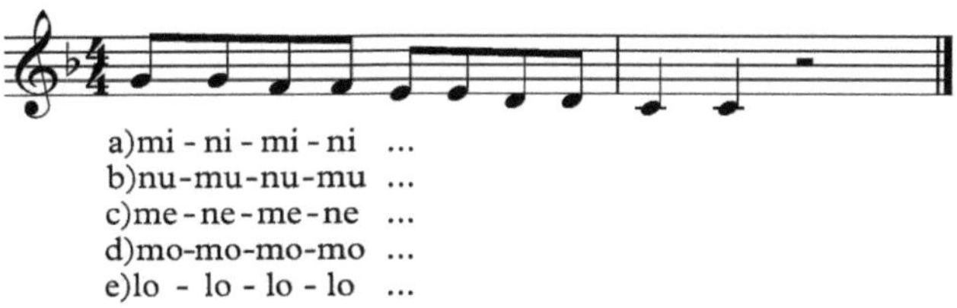

↗ Chromatisch aufwärts

Übung 5

Die Übung sollte in recht schnellem Tempo durchgeführt werden. Werden Sie sukzessive schneller. Das Tempo ist richtig, wenn die Silben gerade noch deutlich und sauber artikuliert werden.

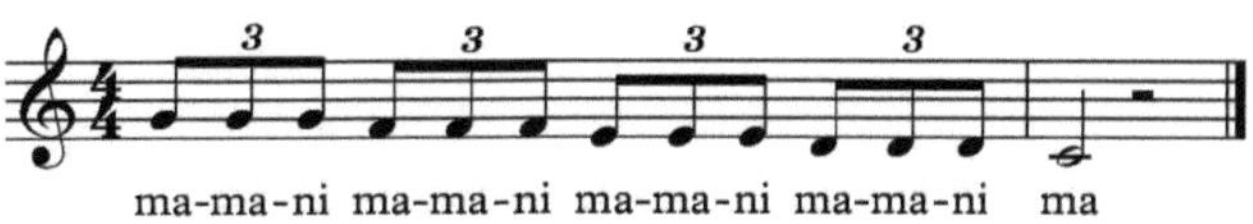

↗ Chromatisch aufwärts

Übung 6

Die Übung lockert nicht nur Lippen und Stimme, sie trainiert auch die Atmung und einen gleichmäßigen Luftstrom.

Variante a)

Wiederholen Sie die Übung drei Mal, ohne zwischenzeitlich zu atmen.

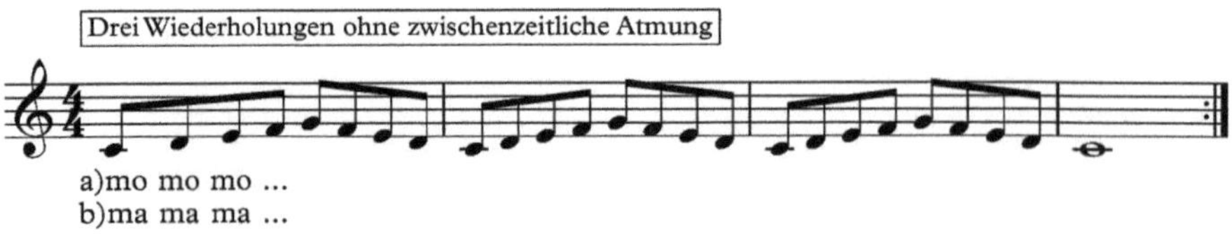

↗ Chromatisch aufwärts

Variante b)

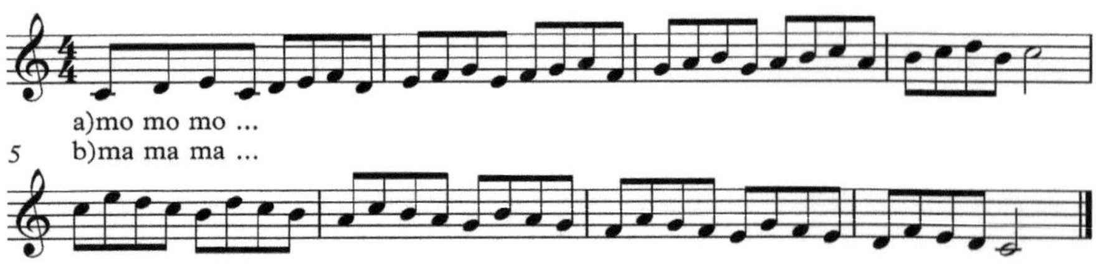

↗ Chromatisch aufwärts

Übung 7

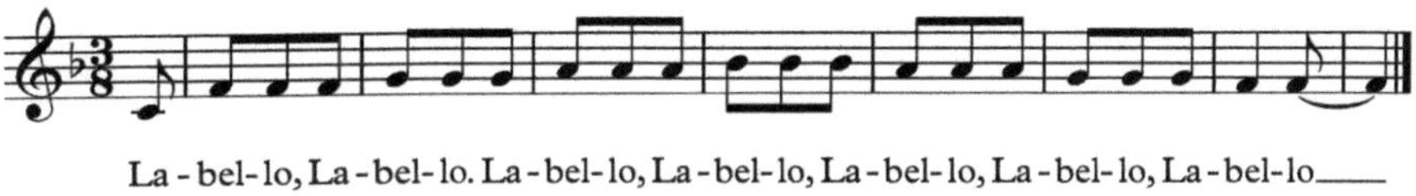

↗ Chromatisch aufwärts

Übung 8

Elektrizität und Elektrizitätswerk sind zwei Wörter, in denen auf kurzem Raum sehr viele S-, K- und T-Laute vorkommen. Sie eignen sich somit, um das Wechselspiel aus Konsonanten und Vokalen zu verdeutlichen. Klangvoll singen kann man nur auf Vokalen. Das ist das Ideal des klassischen Gesangs. Im Pop- und Jazzgesang will man häufig das Gegenteil. Auf K- und T-Lauten kann jedoch nie gesungen werden. In der folgenden Übung geht es daher darum, die Vokale auszusingen und die Konsonanten nur zur Wortbildung zu nutzen.

Variante a)

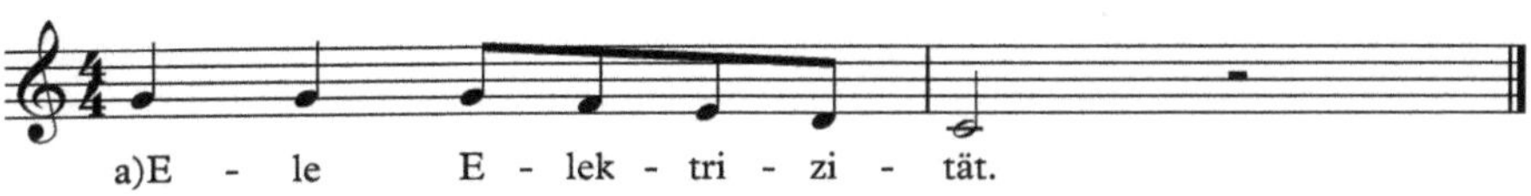

↗ Chromatisch aufwärts

Variante b)

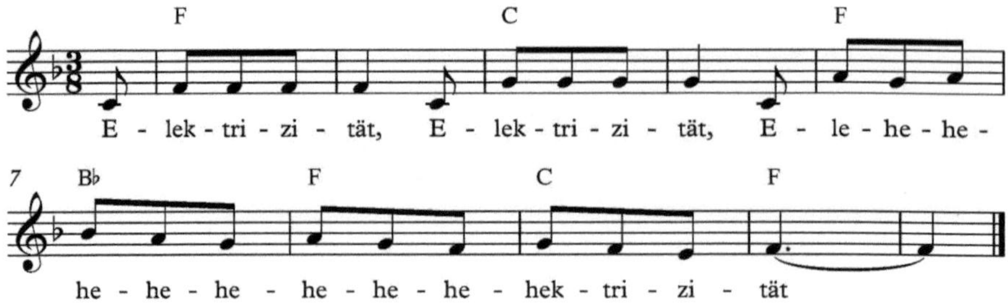

↗ Chromatisch aufwärts

Vierklänge und andere Übungen über eine Oktave

Das Wort Sonne ist in der Gesangstheorie des Einsingens das wohl bekannteste Wort in Übungen. Das liegt wohl daran, dass das Wort Sonne ein offenes O enthält und anschließend auf einem weichen N ausklingt. Es lässt sich zudem sehr leicht variieren, was man durchaus nutzen kann. Mit einem A wird aus Sonne sofort Sahne, was sich besonders in höheren Lagen oft leichter singen lässt.

Übung 9

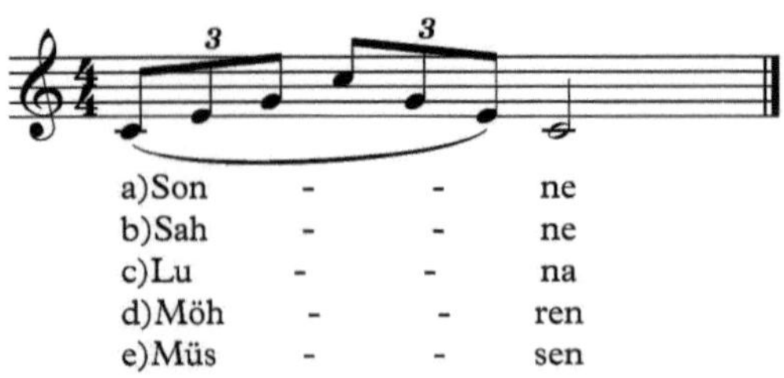

↗ Chromatisch aufwärts

Übung 10

Führen Sie die folgende Übung unter Zwerchfelleinsatz durch.

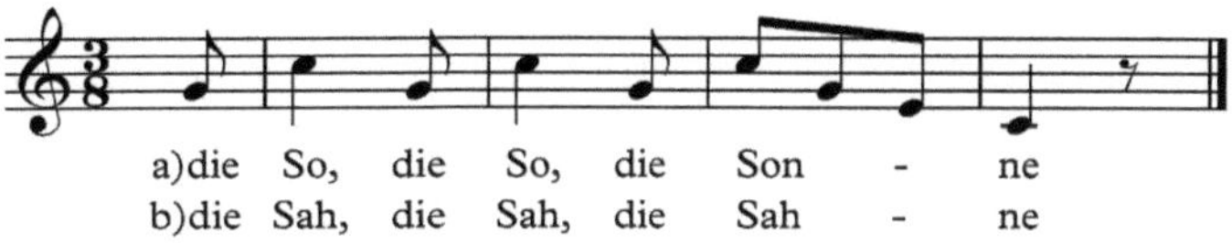

↗ Chromatisch aufwärts

Übung 11

Die folgenden Übungen sollen sehr klangvoll durchgeführt werden. Achten Sie dabei darauf, dass das Legato auf den Vokalen als durchgehender Vokal gesungen wird. Ganz leicht wird sonst aus einem Son-ne oder einem Sah-ne ein So-ho-ho-honne oder ein Sa-ha-ha-hahne.

Variante a)

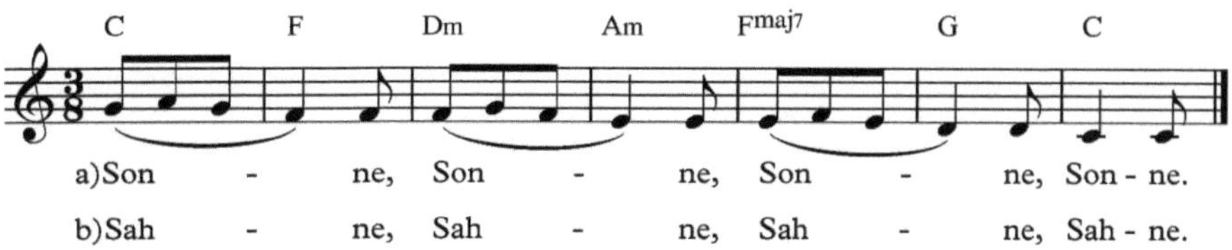

↗ Chromatisch aufwärts

Variante b)

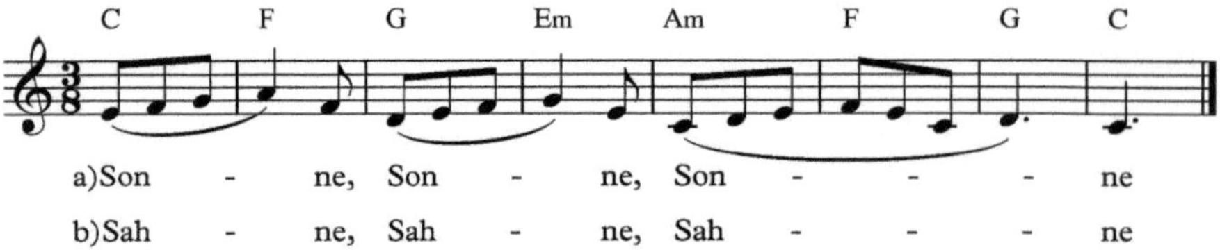

↗ Chromatisch aufwärts

Variante c)

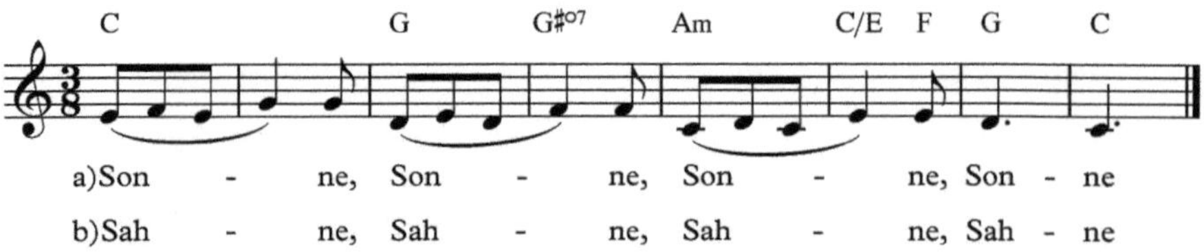

↗ Chromatisch aufwärts

Variante d)

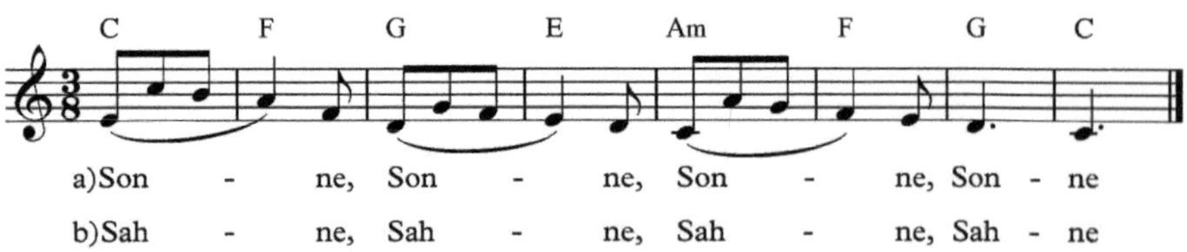

↗ Chromatisch aufwärts

Variante e)

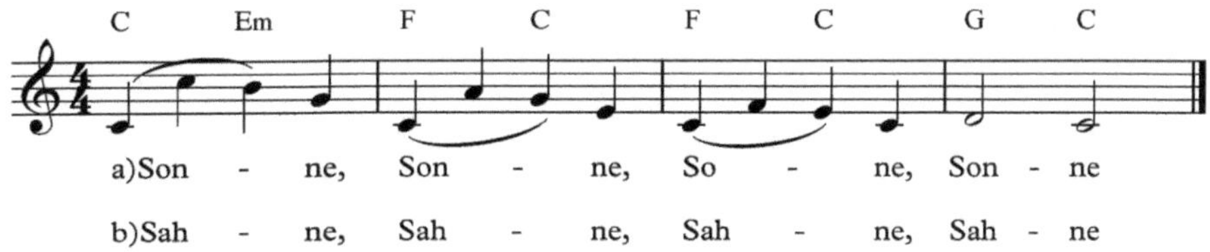

↗ Chromatisch aufwärts

Variante f)

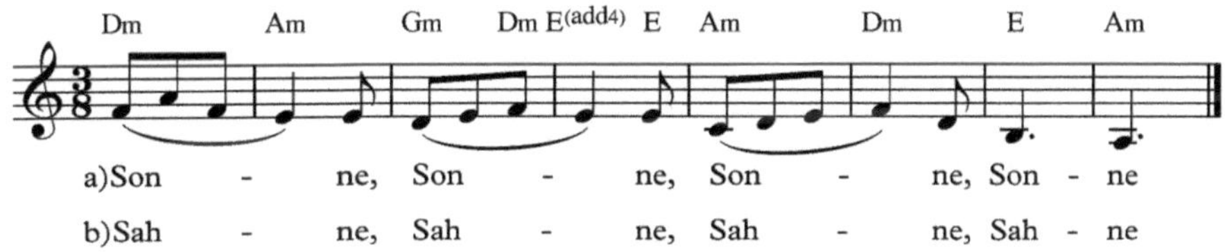

↗ Chromatisch aufwärts

Praxistipp: Wie können Bilder Gesang beeinflussen?

Es gibt verschiedene Möglichkeiten, einem Chor eine Vorstellung von einem Klang zu vermitteln. Man kann die theoretischen Mundstellungen erklären oder man kann Beispielaufnahmen zeigen. Die einfachste Methode ist jedoch die Vermittlung von Bildern. Versuchen Sie, Ihren Sängern einen bildlichen Eindruck von Klang zu verschaffen. *Denkt an Regentropfen* oder *Denkt an eine aufgehende Sonne* sind dabei schon sehr spezifische Vergleiche. Beim Einsingen können aber ruhig auch einmal Extreme ausprobiert werden. Lassen Sie den Chor wie ein Opernsänger singen oder wie eine Ente quaken. Lassen Sie ihn wie der Wind hauchen und wie ein Löwe brüllen. Nur wer die Extrempositionen kennt, kann sich zwischen ihnen später positionieren.

Übung 12

Führen Sie die folgende Übung unter Einsatz des Zwerchfells durch. Legen Sie dazu Ihre Finger knapp unterhalb der Rippen auf Ihren Bauch. Wenn Sie nun tief einatmen, werden Sie eine Aktivität mit Ihren Fingern wahrnehmen. Alternativ können Sie auch versuchen, Ihre Finger mit Hilfe Ihres Zwerchfells „wippen“ zu lassen. Führen Sie anschließend die folgende Übung aus.

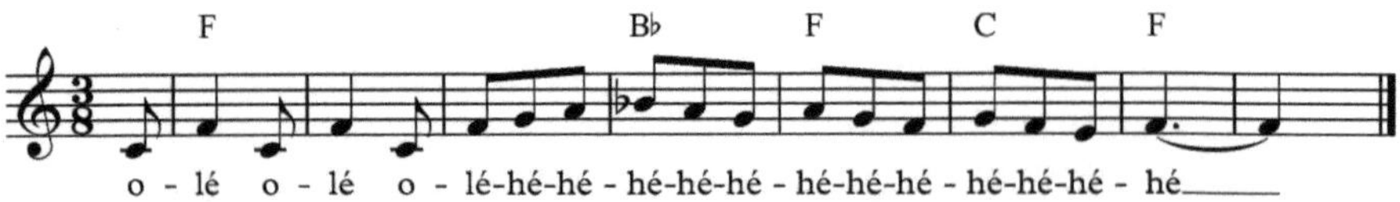

↗ Chromatisch aufwärts

Übung 13

Vermitteln Sie ein sehr energisches und resolutes Bild, um die folgende Übung mit Leben zu füllen. Achten Sie wiederum auf einen Einsatz des Zwerchfells.

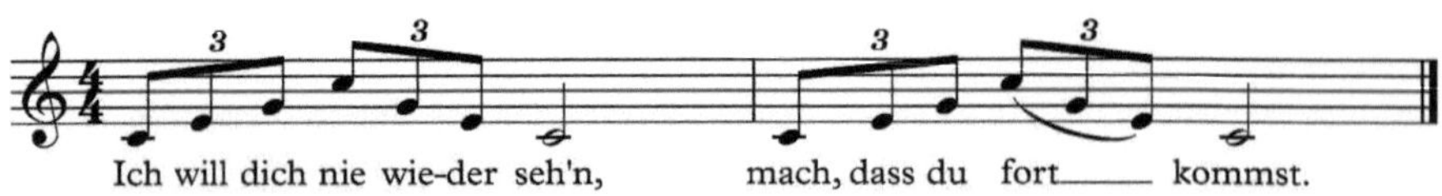

↗ Chromatisch aufwärts

Übung 14

Die folgende Übung geht über den Umfang einer Oktave hinaus und sollte daher erst nach einigen anderen vorrausgehenden Warmups verwendet werden.

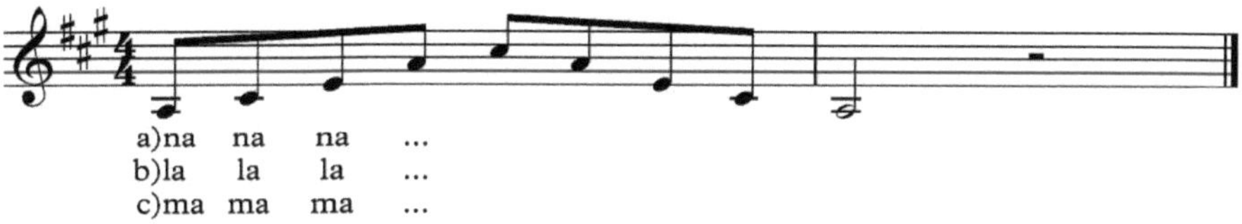

↗ Chromatisch aufwärts

Übung 15

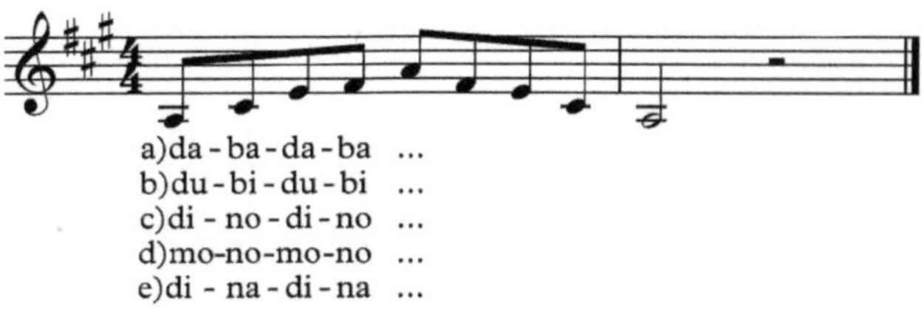

↗ Chromatisch aufwärts

Übung 16

Vermitteln Sie das Bild eines schwärmenden, ausschweifenden Italieners.

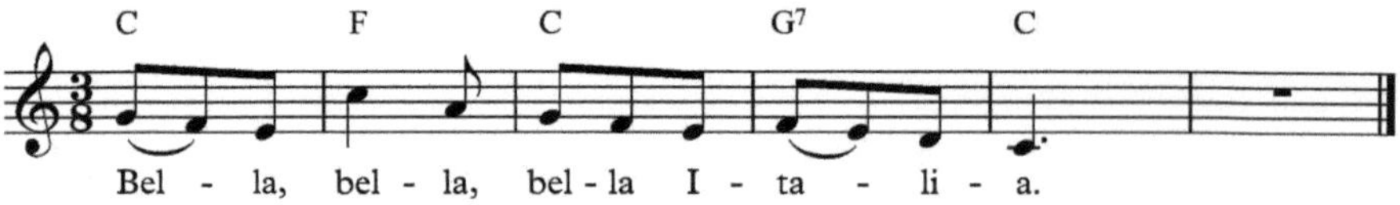

↗ Chromatisch aufwärts

Übung 17

Vermitteln Sie das Gegenteil zu Übung 16. Fluchen Sie, wie ein klischeehafter Italiener.

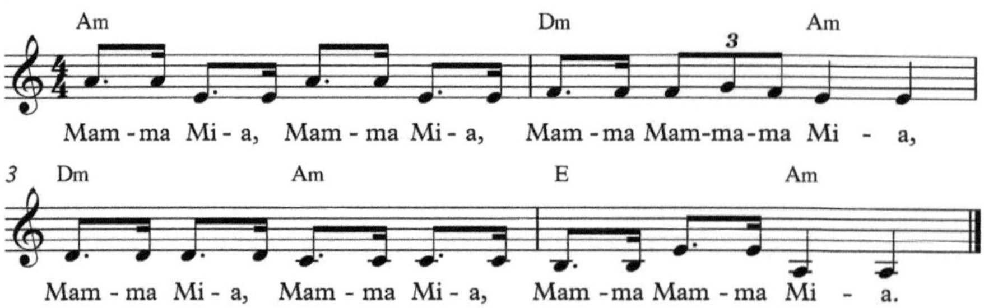

↗ Chromatisch aufwärts

Übung 18: Länderkanon

Die folgende Übung, der *Länder-Kanon,* kann sowohl als Kanon, als auch als einfaches melodisches Warmup verwendet werden. Achten Sie auf den Swingrhythmus.

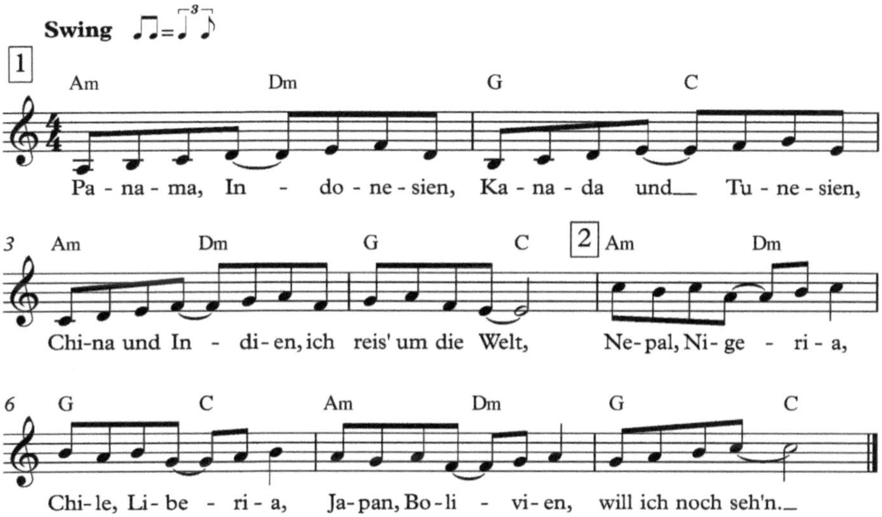

↗ Chromatisch aufwärts

Übung 19: Tomatensalat

Die folgende Übung ist sehr auflockernd und begeistert meist beim ersten Singen. Das Wort Tomatensalat wird dabei immer anders betont. In der üblichen Aussprache liegt die Betonung auf der zweiten Silbe: To<u>ma</u>tensalat. In

der folgenden Übung wechselt die Betonung nun immer eine Silbe nach hinten. Es kann Sinn machen, die Übung erst einmal zu sprechen:
Tomatensalat – Tomatensalat – Tomatensalat – Tomatensalat - Tomatensalat – Tomatensalat – Tomatensalat - Tomatensalat

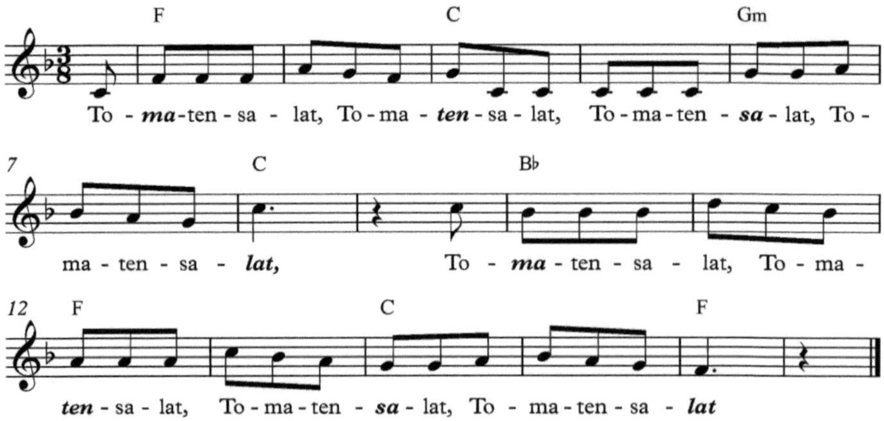

↗ Chromatisch aufwärts

Übung 20

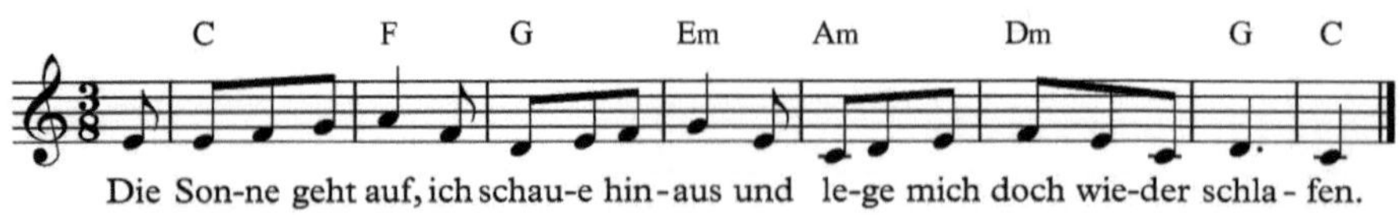

↗ Chromatisch aufwärts

Praxistipp: Scat-Silben

Scat bezeichnet im Jazz- und Gospelgesang eine spezielle Form des Gesangs, bei der rhythmisch und melodisch aneinandergereihte Silben ohne erkennbare Wortbedeutung verwendet werden. Ursprünglich diente *scat singing* der einfachen gesanglichen Improvisation. Mittlerweile werden Scatsilben jedoch häufig in Jazz- und Poparrangements verwendet. Bekannte Silben sind unter anderem da, bob, dl, dn, dwee, dooh, bab und viele andere. Die Aussprache und Schreibweise variiert dabei leider von Autor zu Autor. Üblicherweise wird jedoch ein doppeltes e (z.B. dwee) wie ein i und ein doppelte o (z.B. ooh) wie ein u ausgesprochen. Besondere Bedeutung haben Abschlusskonsonanten. Steht ein b am Ende einer Silbe (z.B. bab) wird es in der Regel nicht gesprochen, sondern dient lediglich dem sauberen Abschluss des Vokals. Da es sehr schwer ist, auf einem Vokal einen präzisen Abschluss zu finden, wird der Mund auf ein b geschlossen, ohne dass es jedoch erklingt. Somit werden präzise Abschlüsse auch bei einer größeren Sängerzahl ermöglicht. Einer der bekanntesten lebenden Scat-Künstler ist Kirby Shaw.

Die Entstehung des Scat-Gesangs ist nicht geklärt. Louis Armstrong verbreitete die Geschichte, er habe Scat zum ersten Mal 1926 aufgenommen, als ihm während einer Aufnahme versehentlich das Notenblatt zu Boden gefallen sei. Daraufhin habe er improvisieren müssen und sich Scat-Silben bedient. Allerdings sind mittlerweile bereits frühere Aufnahmen von Scat aufgetaucht, sodass die Geschichte von Louis Armstrong als Legende enttarnt wurde.

Scat dient jedoch nicht nur der einfachen Improvisation. Man versucht auch gezielt, Instrumente vokal zu imitieren. So erreichen viele Jazzarrangements durch den geschickten Einsatz von dunklen und hellen Vokalen (z.B. du-ba) eine sehr gute Imitation ganzer Big-Band-Sounds.

Übung 21

Die folgende Übung ist eine Kontrastübung zwischen Staccato und Legato-Passagen. Achten Sie darauf, dass die Staccato-Stellen sehr kurz und die Legato-Stellen tatsächlich gebunden und ohne erneutes Anstoßen gesungen werden. Die Schwierigkeit besteht darin, diesen Wechsel über längere Zeit durchzuhalten.

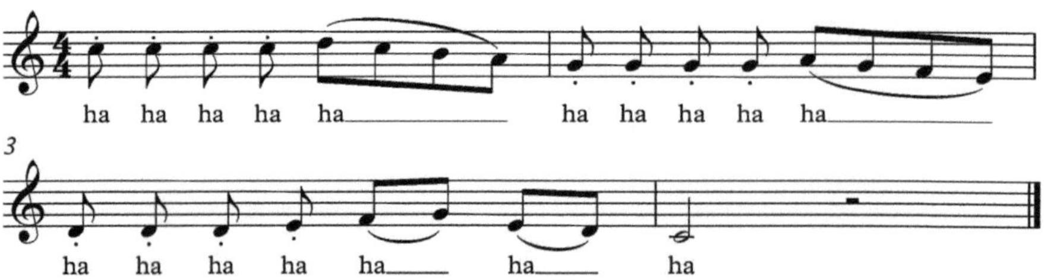

↗ Chromatisch aufwärts

Übung 22

Übung 22 ist eine Übung mit einfachen Scat-Silben. Beachten Sie dazu auch den oben stehenden Praxistipp „Scat-Silben“.

Die Schwierigkeit der Übung liegt im Rhythmus. Die Achtelnoten der zweiten Reihe müssen kurz, aber dennoch exakt in time gesungen werden. Viele Chöre neigen dazu, bei solchen Stellen zu schnell zu werden und die Pausen zu verkürzen.

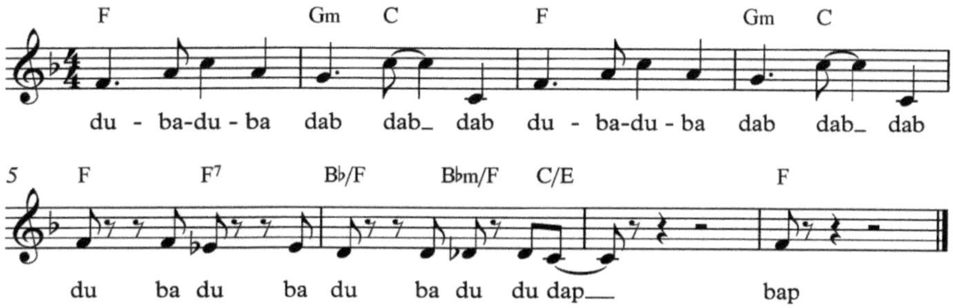

↗ Chromatisch aufwärts

Übung 23

Scat-Silben kann man ganz einfach auch auf spielerische Art verwenden. Achten Sie auf einen sauberen Abschluss der Silben und die Swingrhythmik.

Variante a)

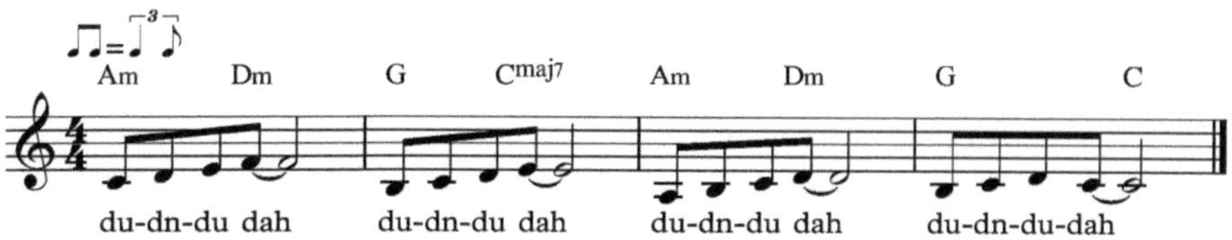

↗ Chromatisch aufwärts

Variante b)

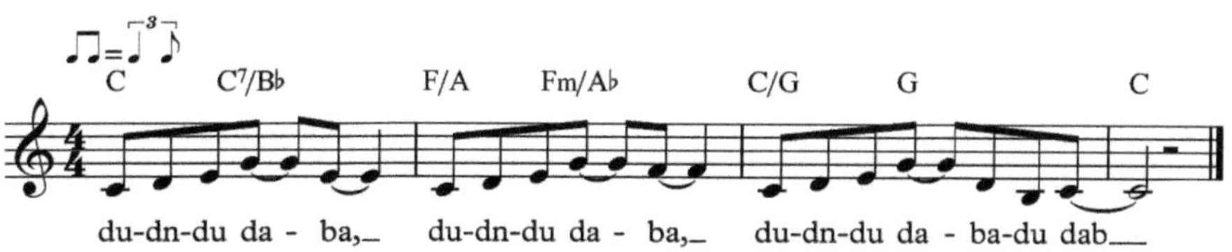

↗ Chromatisch aufwärts

Variante c)

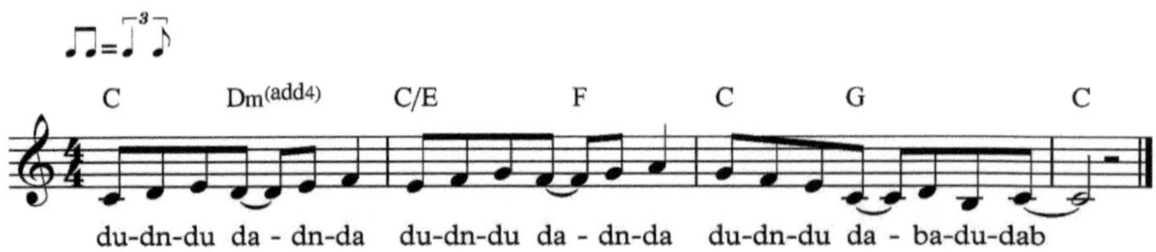

↗ Chromatisch aufwärts

Variante d)

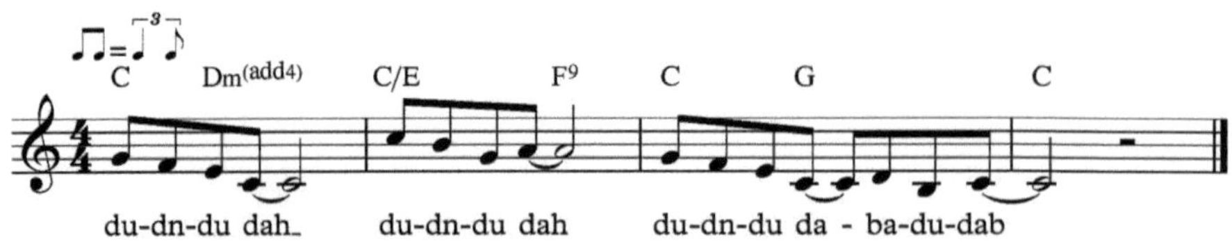

↗ Chromatisch aufwärts

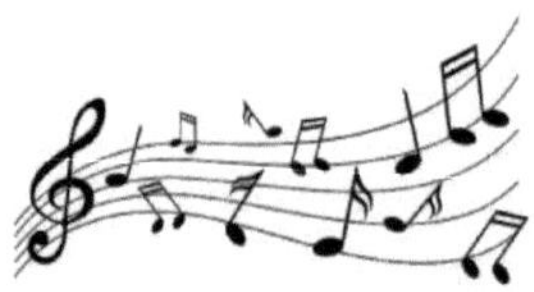

Übung 24: Oh happy day

Die Übung *Oh happy day* ist eigentlich eine einfache Tonleiter und Intervallübung. Durch die Zusammenstellung erhält sie jedoch eine Gospelnote. Eine ähnliche Tonfolge taucht auch in dem Gospel *Oh happy day* aus dem Film *Sister Act II* auf. Die Übung ist bipolar aufgebaut. Jeder Teil wiederholt sich. Es empfiehlt sich, die Übung daher Call-and-Response durchzuführen. Das muss jedoch nicht nur aus einem Wechsel zwischen Chorleiter und Chor bestehen. Es gibt unzählige Möglichkeiten

einen solchen Wechselgesang zu inszenieren. Möglichkeiten sind unter anderem, den Chor in zwei oder mehrere Kleingruppen zu teilen, in der entweder eine feste Gruppe vorsingt oder die Auswahl auf Zuruf geschieht. In einem Chor, in dem ein gutes Gruppenklima herrscht, können Sie auch einzelne Personen auswählen, die vorsingen.
Im letzten Takt der Übung ist mit den angegebenen Akkorden eine Möglichkeit dargestellt, einen chromatischen Tonartwechsel zu gestalten.

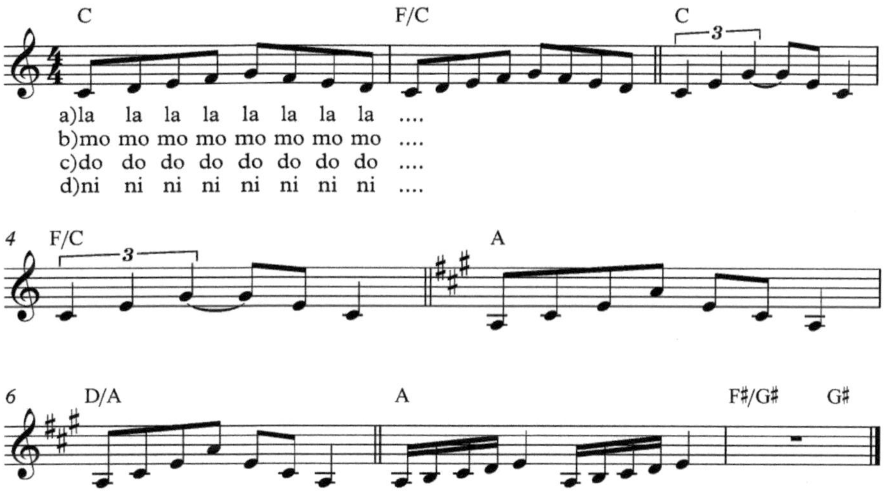

↗ Chromatisch aufwärts

Praxistipp: Werbejingle

Zum Einsingen verwendet man oft einfache Tonfolgen oder ausgespielte Akkorde, da diese kleinen Melodien leicht ins Ohr gehen, unkompliziert und recht gut reproduzierbar sind.

Genau die gleichen Ansprüche gelten auch für Werbejingle und Titelmelodien von Fernsehsendungen, wo man gerne einen hohen Wiedererkennungswert und kurze, prägnante Tonfolgen möchte. Der wohl genialste Werbejingle bzgl. Einprägsamkeit und Wiedererkennungswert ist der Jingle der Telekom, der aus genau 5 Tönen und einem einzigen Intervall besteht: Einer großen Terz. Warum also nicht Werbejingle zum Einsingen benutzen? Jeder in Ihrem Chor wird sie kennen und direkt mitsingen können. Zudem wirken sie oft motivationale Wunder. Schmettern Sie also ruhig einmal die Jingle von Hornbach, The Simpsons, Danny Sahne, Löwenzahn o.a. zu Beginn Ihrer Chorprobe.

Hier können die Noten aus urheberrechtlichen Bedenken leider nicht abgedruckt werden, für Sie ist das allerdings kein Problem.

V. Einsingen abwärts

Den meisten Menschen fällt es leichter, ohne Einsingen tiefe Töne statt hohe Töne zu singen. Hohe Töne hingegen sind schwieriger. Das liegt daran, dass für tiefe Töne die Stimmbänder sehr entspannt schwingen müssen. Ähnlich, wie bei einer tiefen Gitarrensaite ist die Spannung schwach und die Frequenz sehr gering – der Ton klingt folglich tief. Nach längerem Singen fällt es vielen Menschen schwer, den Stimmapparat so zu entspannen, wie es für tiefe Töne erforderlich ist. Dem entgegen steht die Erfahrung, dass die tiefen Stimmen (Bässe und Alte) eine gewisse Zeit benötigen, um ihren Vokaltrakt und ihre Artikulation auf die tiefen Töne einzustellen, da die alltägliche Sprechstimme oft höher angesiedelt ist. Einsingen abwärts ist daher unbedingt erforderlich für die Einstellung auf tiefe Töne, aber teils hinderlich für die absolute Tiefe. Da der Fokus in der Regel auf den höheren Tönen liegt, die deutlicher hervortreten und die größeren Probleme bereiten, wird auch der Fokus beim Einsingen seltener auf die Tiefen gelegt.

Übungen

Grundsätzlich kann man jede Übung, die man chromatisch nach oben versetzt auch absteigend singen. Das Problem ist meistens nur der Anfangston. So, wie es in hohen Lagen leichter fällt, sich von unten nach oben zu tasten, verhält es sich auch mit den tiefen Tönen. Übungen, die Tonfolgen abwärts singen und den letzten Ton als tiefsten Ton haben, sind daher für Tiefenübungen besser geeignet.

Übung 1

Führen Sie die folgende Übung sehr entspannt aus. Probieren Sie verschiedene Vokalstellungen aus und versuchen Sie nicht, eine gleichmäßige Vokalfarbe zu erzeugen. Die Übung dient der vollkommenen Lockerung.

Variante a)

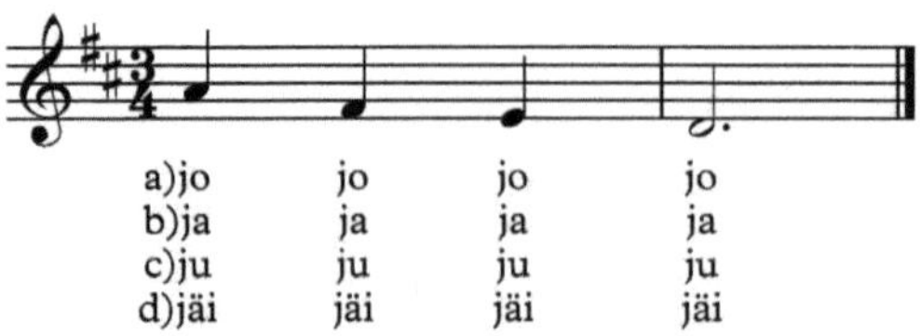

↘ Chromatisch abwärts

Variante b)

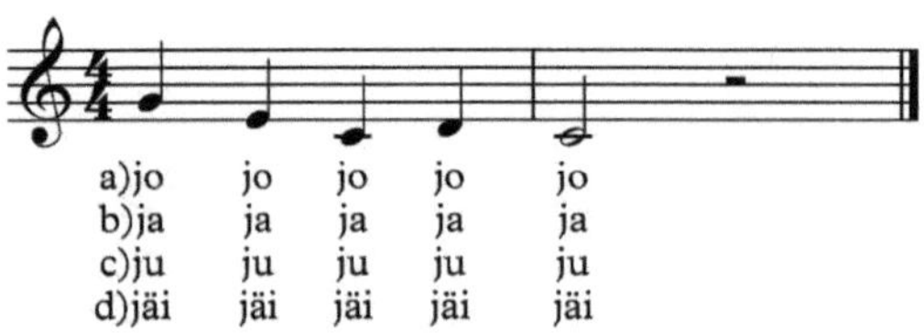

↘ Chromatisch abwärts

Variante c)

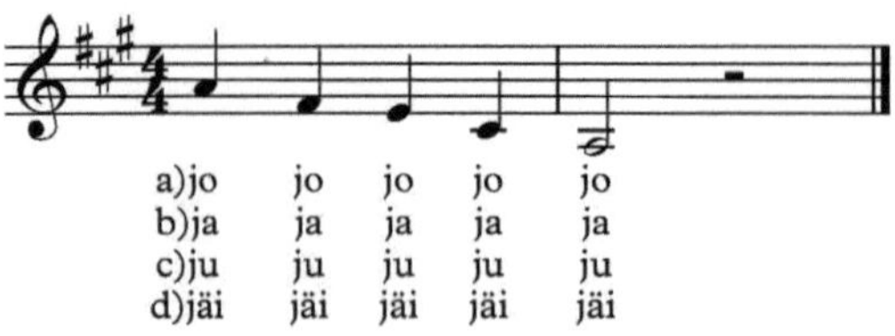

↘ Chromatisch abwärts

Übung 2

Achten Sie bei folgender Übung auf die Legato-Bögen und darauf, dass die letzten beiden Töne metrisch angehalten werden. Lange Töne ermöglichen eine effektivere Einstellung auf den Ton, als kurze Töne.

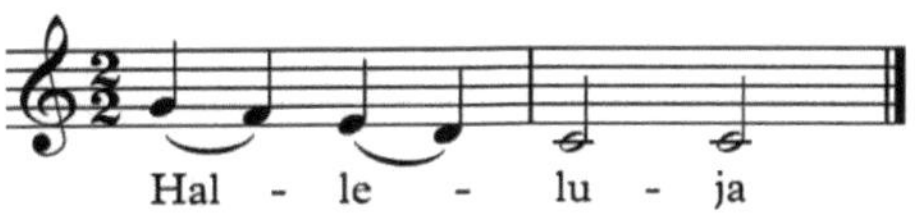

↘ Chromatisch abwärts

Übung 3

Oftmals passiert es, dass Chöre wie automatisiert lauter werden, sobald eine Melodiefolge aufwärts verläuft. Das ist oftmals jedoch nicht gewollt.

Bei der folgenden Übung ist zu erwarten, dass die Viertelnoten besonders betont werden. Zwar liegt das Metrum auf Schlag 1 im Takt – ein zu exponierter Klang sollte jedoch verhindert werden, was sich gut mit der folgenden Übung proben lässt. Das Tempo sollte daher ruhig gehalten werden.

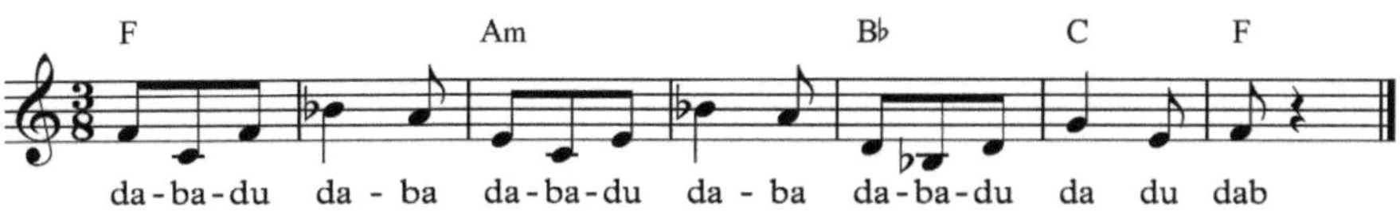

↘ Chromatisch abwärts

Übung 4

Versuchen Sie ruhig einmal, die Artikulation gezielt zu verändern. Singen Sie einmal bewusst auf den Vokalen und bei einem zweiten Durchgang gezielt auf den Konsonanten. Sie werden eindrucksvoll den Unterschied merken: Singen auf den Vokalen entspricht einer klassischen Gesangseinstellung, Singen auf den Konsonanten ist kaum möglich, ein Mittelweg entspricht tendenziell einer Jazz-Pop-Einstellung.

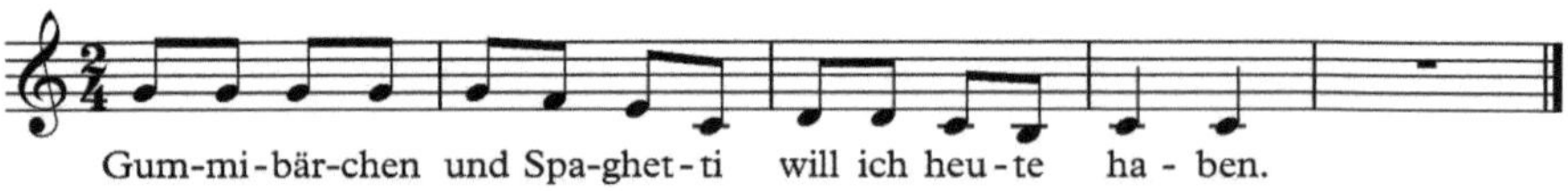

↘ Chromatisch abwärts

Übung 5

Die folgende Übung dient neben dem Einsingen abwärts auch der Aktivierung des Zwerchfells, wenn bei Variante a) eine Betonung des Anfangsvokals P erfolgt.

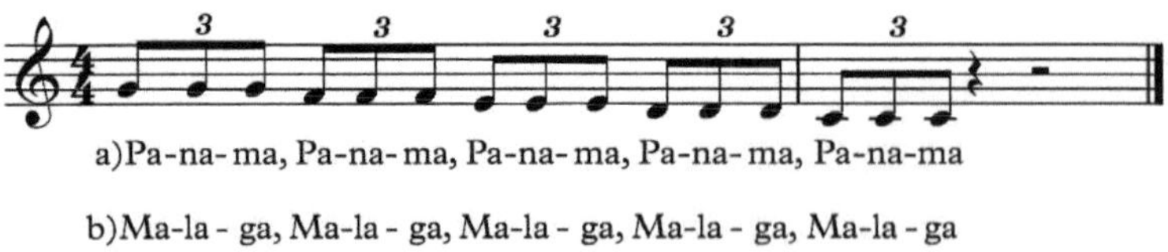

↘ Chromatisch abwärts

Übung 6

Einfache Übung abwärts:

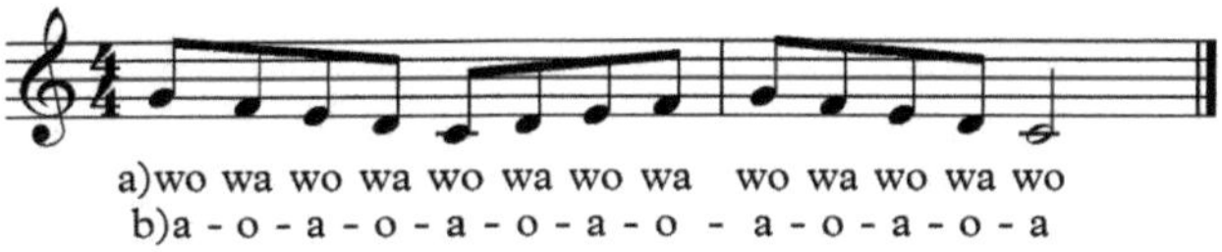

↘ Chromatisch abwärts

Klavier oder nicht Klavier? – Eine Frage der Stimmung

Es grenzt in vielen Lehrbüchern fast an einen Glaubenskrieg: Soll eine Chorprobe unter Einbeziehung und Begleitung eines Klavieres erfolgen oder nicht? Die eine Fraktion lehnt dies vehement ab, die andere Seite begrüßt es als gute Unterstützung. Letztendlich ist die Frage von Chor zu Chor unterschiedlich zu beantworten und sicherlich auch abhängig von der Aufführungspraxis, die immer die Proben beeinflusst.

Unabhängig davon hat es aber tatsächlich Einfluss auf die Stimme und den Gesamtklang eines Chors, ob er a cappella singt, oder permanent von einem Klavier begleitet wird. Dass das so ist, hängt maßgeblich von der sogenannten *musikalischen Stimmung* ab. Vereinfacht ausgedrückt ist ein Ton eine Schwingung. Das wird leicht deutlich, wenn man eine Gitarrensaite betrachtet. Die Saite schwingt und der Ton wird hörbar. Je nach Verhältnis, in dem nun die Saite abgegriffen wird, erklingen unterschiedliche Intervalle bzgl. des Grundtones. Wird die Saite genau in der Mitte (1:1) geteilt, erklingt eine Oktave, das Verhältnis 2:3 erzeugt eine Quinte usw. Diese Art der Intervallbestimmung nennt man aufgrund der klaren mathematischen Verhältnisse *Reine Stimmung*. Diese Stimmung hat den Nachteil, dass sie auf gängige Tasteninstrumente übertragen, keinen einfachen Wechsel der Tonarten erlaubt. Jede

Tonart klingt individuell. Aus diesem Grund haben die Komponisten alter Musik für jedes Werk eine spezifische Tonart ausgewählt. Heutzutage sind die Intervalle üblicherweise angeglichen, man spricht von einer *gleichstufigen Stimmung.* Die Intervallverhältnisse sind nun etwas gestreckt oder gestaucht, aber ein Wechsel der Tonarten ist problemlos möglich. Was bedeutet dies nun für einen Chor? Das menschliche Ohr ist anders als ein Klavier auf eine reine Stimmung ausgelegt. D.h., dass ein Chor ohne Klavierbegleitung ganz anders intoniert. Aufgrund dieser Schwingungen ist es übrigens vollkommen natürlich, dass ein Chor während eines Stückes in der Intonation absinkt. Es ist zwar nicht erwünscht – aber natürlich. Auch werden bestimmte Intervalle der reinen Stimmung nach leicht abweichend zum Klavier intoniert. Besonders deutlich wird das bei Terzen. Das Klavier intoniert große Terzen standardmäßig zu hoch, kleine Terzen zu tief. In der reinen Stimmung muss ein Chor also große Terzen tief intonieren und kleine Terzen hoch. Ausgenommen davon sind nur Leittöne, die klassischerweise hoch intoniert werden.
In der Probenpraxis kann es also durchaus von Relevanz sein, ob ein Chor bei Auftritten und Konzerten von einem Klavier begleitet wird oder nicht.
Weitere Informationen und eine vertiefende Betrachtung der Intonationsverhältnisse sowie der vielfältigen verschiedenen Stimmungen können in jedem Lehrbuch zu Chorleitung, Gesang oder Musiktheorie nachgelesen werden.

Übrigens waren die verschiedenen Stimmungen und das Wissen über die Schwingungsverhältnisse schon in der Antike bekannt. Eine der bekanntesten Stimmungen, die *Pythagoreische Stimmung*, geht auf Pythagoras von Samos zurück, der die musiktheoretischen Grundlagen schon 500 v. Chr. beschrieben hat. Nach ihm ist auch das sogenannte *Pythagoreische Komma,* die Erkenntnis, dass 12 Quinten mathematisch nicht 7 Quinten (System des Quintenzirkels) entsprechen, benannt. Dieser Unterschied löst die Problematik um die Schwingungen erst aus.

VI. Zwerchfellaktivierung

Über das Zwerchfell und die Bedeutung für das Singen und die Atmung wurde bereits im Kapitel Atmung ausführlich gesprochen. Die folgenden Übungen dienen nun der bewussten Aktivierung dieses Muskelbandes. Es gibt unzählige Übungen zur Zwerchfellaktivierung. Allen gemein ist die Durchführung unter kurzen prägnanten Stößen mit Hilfe des Zwerchfells. Vielen Sängern fällt es schwer, das Zwerchfell konkret zu fokussieren, und nicht nur die übrige Bauchmuskulatur anzuspannen. Die folgenden Übungen können genau dabei helfen. Wenn man die Hände auf den Bauch legt, kann das Zwerchfell und dessen Aktivität gespürt werden.

Einfache Übungen in enger Lage

Übung 1

Variante a)

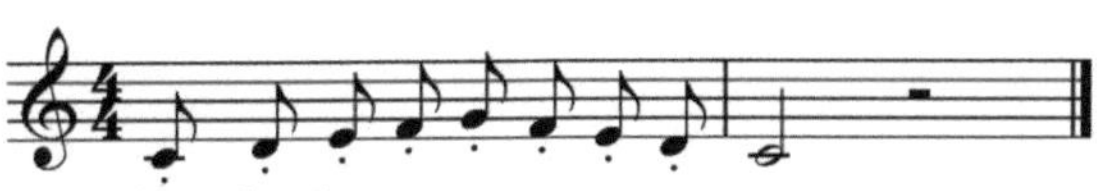

↗ Chromatisch aufwärts

Variante b)

Zum Schluss kann optional auch noch eine gebundene Quinte eingefügt werden.

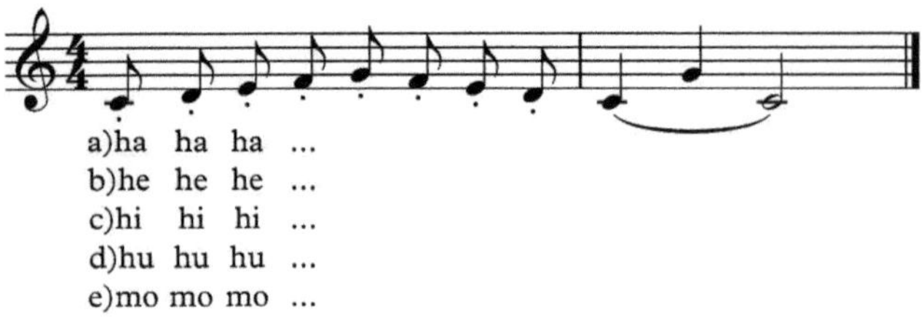

↗ Chromatisch aufwärts

Übung 2

Die folgende Übung ist einem Discobeat nachempfunden. Achten Sie auf ein gleichbleibendes Metrum.

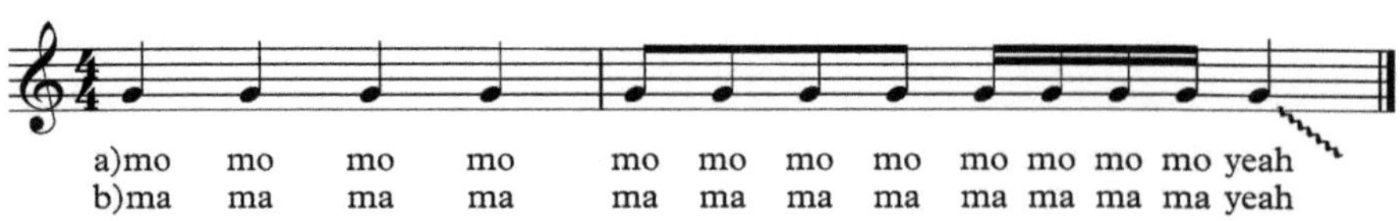

↗ Chromatisch aufwärts

Übung 3

Achten Sie auf die Aussprache. Der Text leitet sich vom italienischen Signora ab. Gesprochen wird Signora als *Sinjora.*

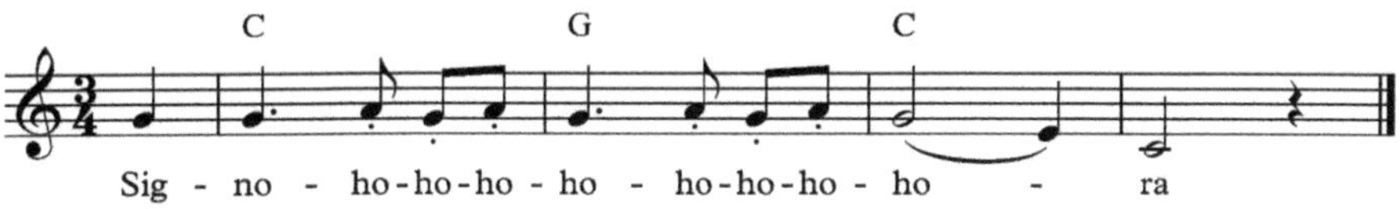

↗ Chromatisch aufwärts

Übungen über den Umfang einer Oktave

Übung 4

Variante a)

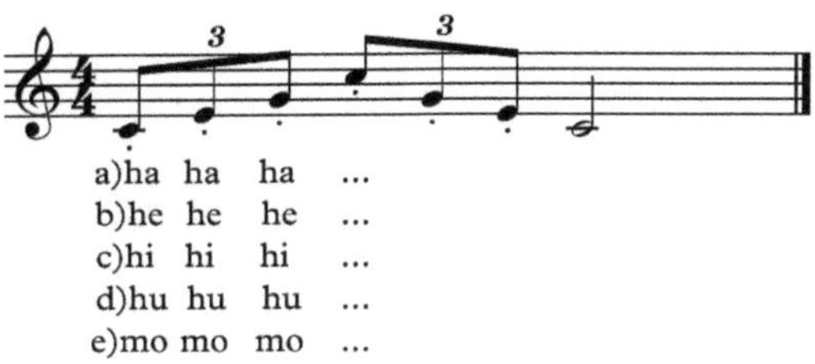

↗ Chromatisch aufwärts

Variante b)

Optional kann wieder eine Quinte am Ende eingefügt werden.

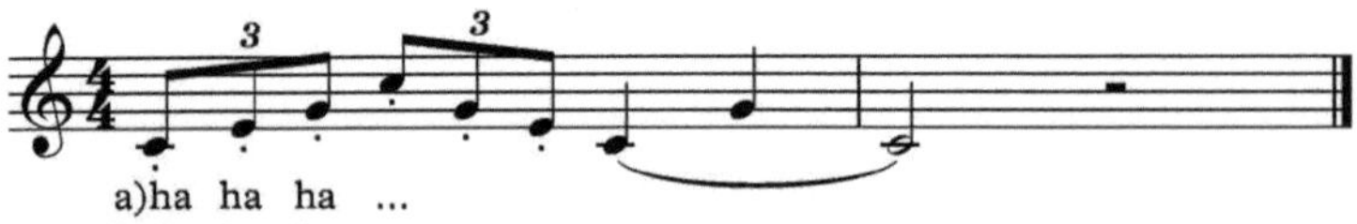

a)ha ha ha ...
b)he he he ...
c)hi hi hi ...
d)hu hu hu ...
e)mo mo mo ...

↗ Chromatisch aufwärts

Übung 5

Variante a)

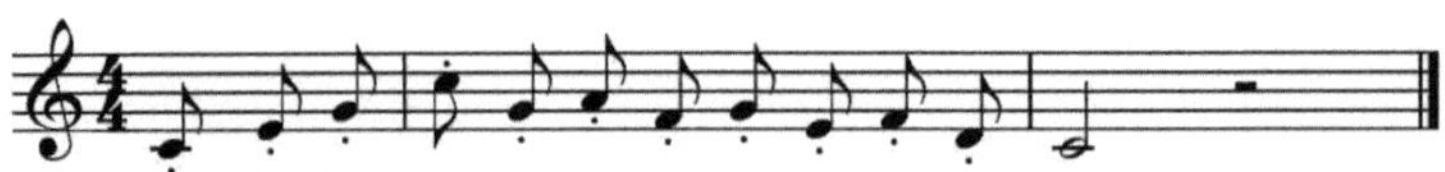

a)ha ha ha ...
b)he he he ...
c)hi hi hi ...
d)hu hu hu ...
e)mo mo mo ...

↗ Chromatisch aufwärts

Variante b)

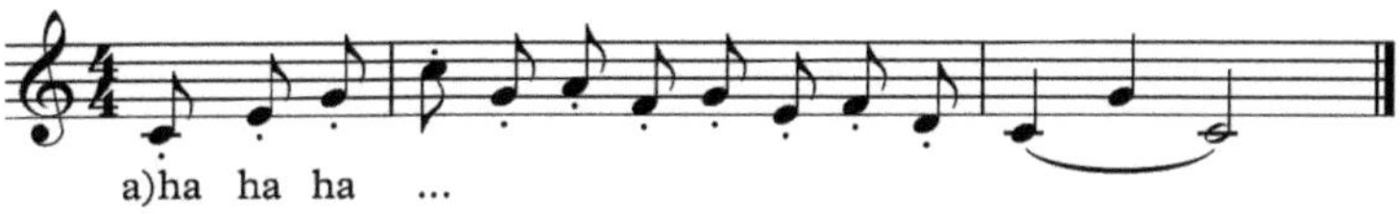

a)ha ha ha ...
b)he he he ...
c)hi hi hi ...
d)hu hu hu ...
e)mo mo mo ...

↗ Chromatisch aufwärts

Übung 6

Diese Übung ist dem bekannten Thema aus der Arie der Königin der Nacht aus der Zauberflöte von Wolfgang Amadeus Mozart nachempfunden. Die Arie besteht aus zahlreichen Koloraturen, die über einen großen Ambitus hinweg gesungen werden, unter anderem auch im Pfeifregister, dem höchsten stimmlichen Gesangsregister. Diese Töne werden nicht mehr durch Schwingungen der Stimmlippen, sondern ähnlich einer Pfeife durch Luftverwirbelungen erzeugt. Dieses Register kann jedoch nur von wenigen Menschen erreicht werden und spielt im Chorgesang kaum eine Rolle.
Stellen Sie sich die Königin vor und singen Sie anschließend die Übung.

Variante a)

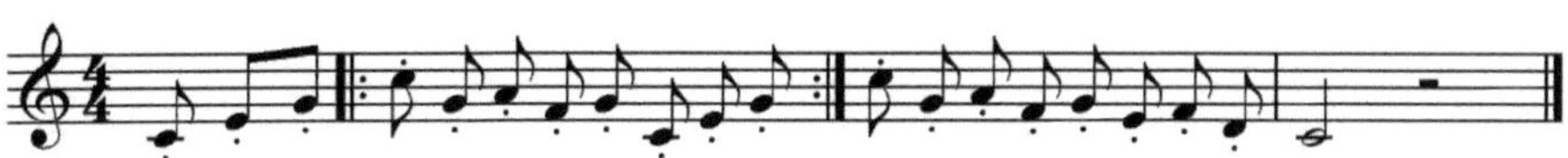

a)ha ha ha ...
b)he he he ...
c)hi hi hi ...
d)hu hu hu ...
e)mo mo mo ...

↗ Chromatisch aufwärts

Variante b)

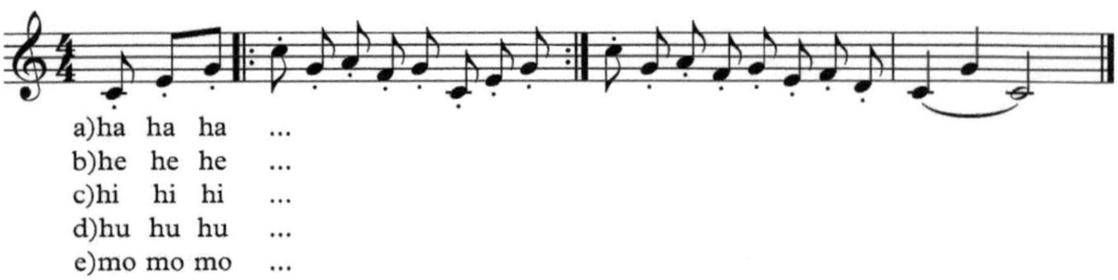

↗ Chromatisch aufwärts

Übung 7

Die Schwierigkeit der folgenden Übung liegt in der Länge. Es ist nicht ganz einfach, über vier Takte die gleiche Spannung aufrecht zu erhalten und jeden Ton kurz und prägnant anzusingen.

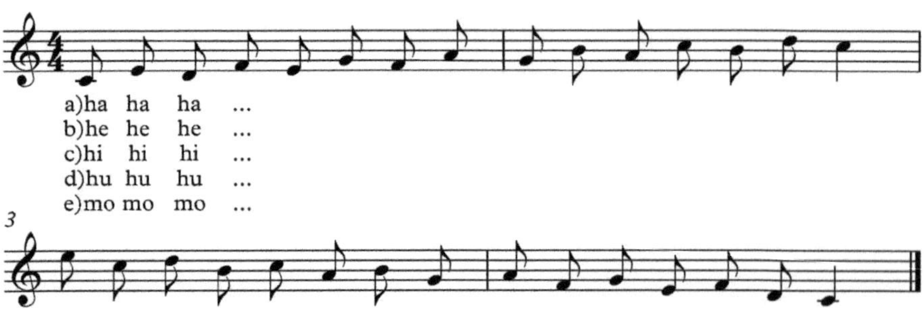

↗ Chromatisch aufwärts

Übung 8

Die folgende Übung erstreckt sich über den Umfang einer Oktave hinaus und sollte daher erst nach vorhergehenden anderen Übungen angewendet werden.

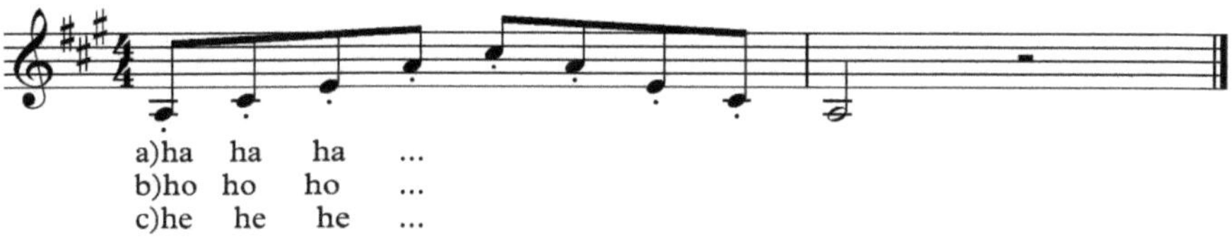

↗ Chromatisch aufwärts

Praxistipp: Zwerchfellaktivierung

Nichts trainiert das Zwerchfell besser als häufiges, ausgiebiges und herzhaftes Lachen.

VII. Klang- und Vokalübungen

Ein guter Chor zeichnet sich dadurch aus, dass einzelne Stimmen zurücktreten und ein Gesamtklang stattdessen in den Vordergrund rückt. Diesen Gesamtklang erreicht man nicht zuletzt durch eine gemeinsame Vokalfindung. Jeder Vokal kann auf die vielfältigsten Arten artikuliert werden: Offen, geschlossen, breit, lang, hinten oder vorne. Wenn man es schafft, einen Chor auf einen gemeinsamen Vokal einzustellen, hat man bereits einen großen Schritt in Richtung Gesamtklang zurückgelegt. Die folgenden Übungen sollten daher immer unter dem Gesichtspunkt der einheitlichen Vokalfärbung gesehen werden. Dabei taucht öfter die Vokalfolge a-o-u-e-i auf. Das liegt daran, dass dies der natürliche Vokalübergang durch Lippen- und Kieferschließung ist.

Übungen

Übung 1

Achten Sie auf eine einheitliche Vokalfärbung und einen gleichmäßigen Übergang zwischen den Vokalen.

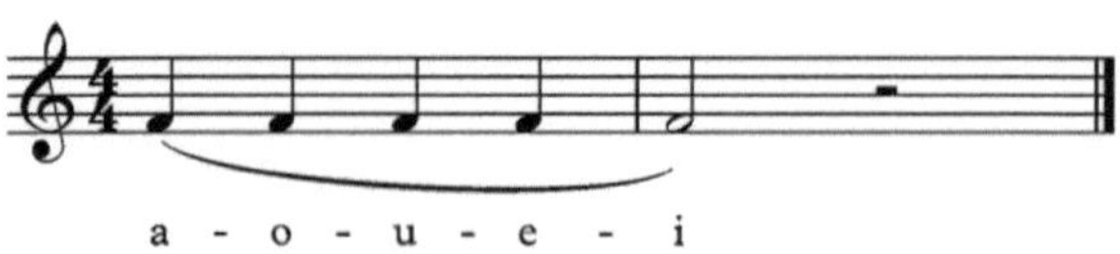

↗ Chromatisch aufwärts

Übung 2

Es ist meist leichter, einen Ton mithilfe eines Konsonanten anzusingen. Daher sollte bei der folgenden Übung besonders auf die Intonation der Terz geachtet werden, die ohne stützenden Anlaut leicht verschwimmt.

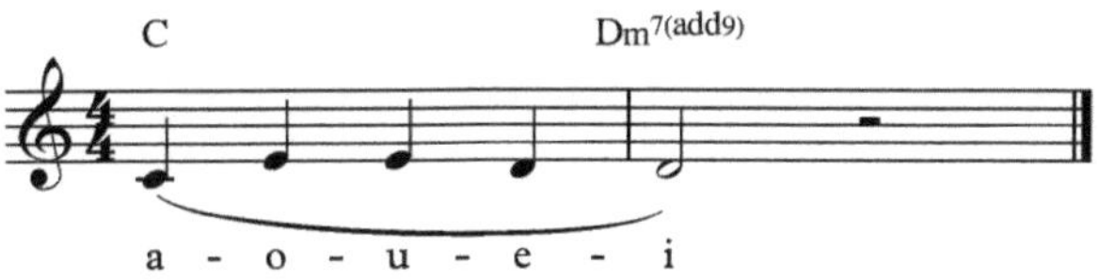

↗ Chromatisch aufwärts

Übung 3

Nun geht es darum, die Vokale ohne erneuten Anlaut zu binden. Das Legato sollte also ohne erneutes Tonanstoßen durchgeführt werden. Die Artikulation bleibt gleich, nur die Tonhöhe ändert sich. In vielen Chören hört man statt eines a______ ein a-ha-ha-ha-ha. Dadurch verlieren oftmals sehr ruhige und klangvolle Stellen ihre Wirkung.

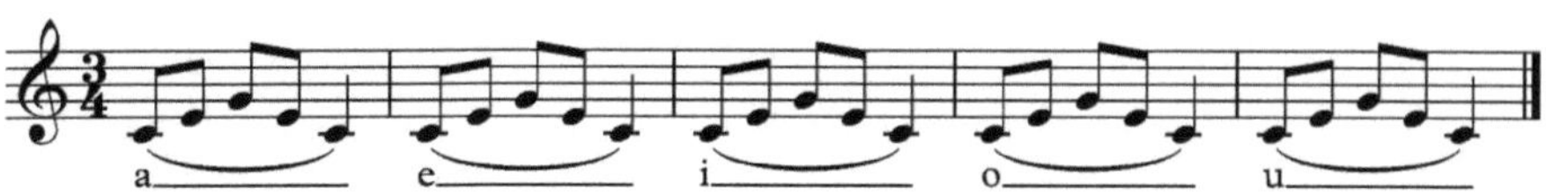

↗ Chromatisch aufwärts

Übung 4

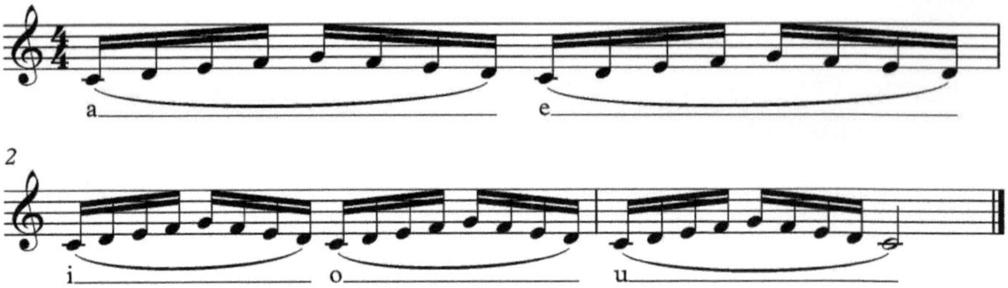

↗ Chromatisch aufwärts

Übung 5

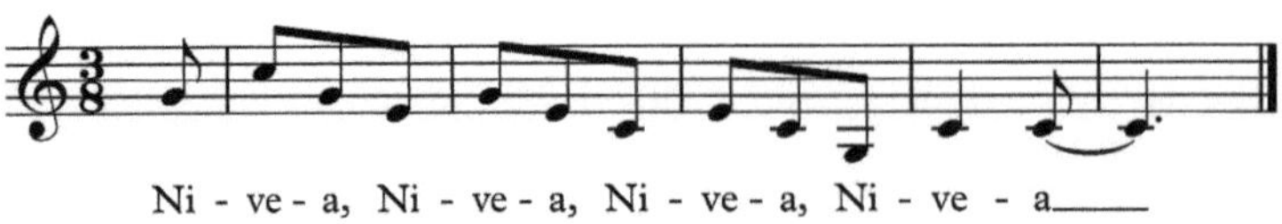

↗ Chromatisch aufwärts

Übung 6

Die folgenden Übungen dienen der Vokalbildung unter Zuhilfenahme eines weichen Anlautes. Die Schreibweise ist dabei der gängigen Jazznotation angepasst. Folgende Aussprachen sind vorgesehen:

Whoa = offenes O

Whoo = U

Whee = i

Whe = e

Variante a)

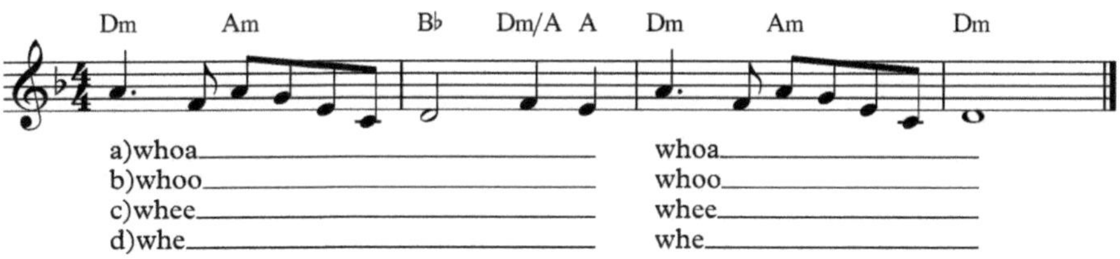

↗ Chromatisch aufwärts

Variante b)

Es geht um den Gegensatz zwischen laut und leise, sowie dem kurzen Abschluss auf einem Vokal.

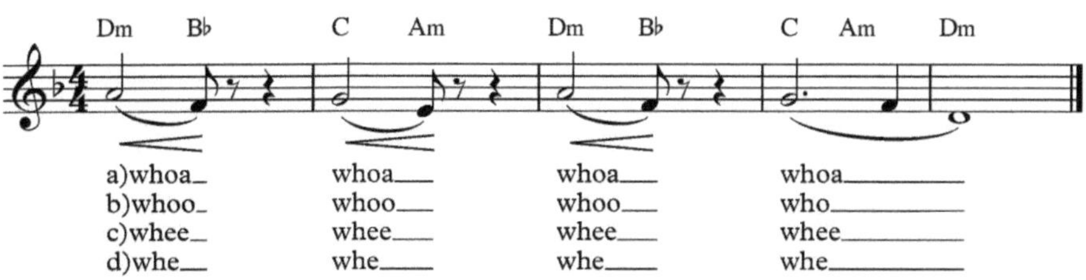

↗ Chromatisch aufwärts

Variante c)

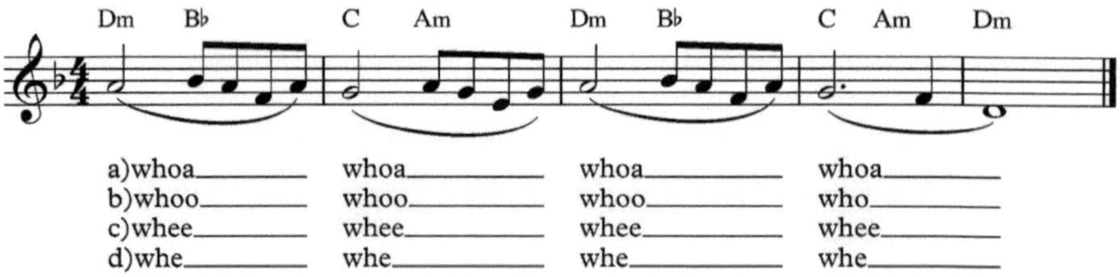

↗ Chromatisch aufwärts

Variante d)

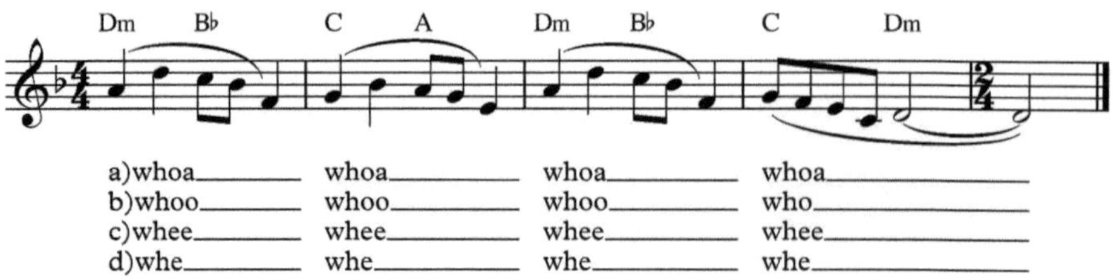

↗ Chromatisch aufwärts

Variante e)

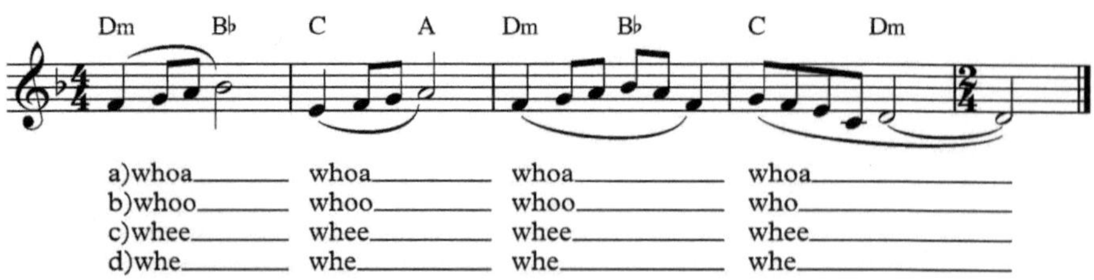

↗ Chromatisch aufwärts

Tonarten chromatisch wechseln – eine leichte Übung

Wer Einsingübungen durchführen will, steht immer wieder vor dem Problem, die Tonarten chromatisch wechseln zu müssen, um die Übungen in ihrer Tonhöhe zu variieren. Dabei sind einfache Tonleiterübungen noch relativ unproblematisch: Entweder gibt man nur den Anfangston vor und singt anschließend ohne Begleitung, oder aber man gibt einen Anfangsakkord vor, was meist auch noch recht unproblematisch geht. Gerade bei melodischen Übungen, Pop- und Jazzübungen und Übungen zum *Groove,* die mit Klavierbegleitung gesungen werden, wirkt es manchmal unpassend, wenn man nur den Grundakkord um eine Stufe anhebt.

Dabei gibt es ganz einfache Möglichkeiten, eine Tonart zu wechseln:

Modulation bezeichnet in der Musik den langsamen und eingeleiteten Wechsel einer Tonart, beispielweise über gemeinsame Stufenakkorde zweier Tonarten. Wenn jedoch eine Tonart abrupt geändert wird, so wie es beim Einsingen meist der Fall ist, spricht man von einer *Rückung.* Die einfachste Form, eine Rückung einzuleiten, ist das einfache Anheben oder Absenken des Grundakkordes um einen Halbton.

Etwas eleganter wird es, wenn die neue Zieltonart eingeleitet wird. Das funktioniert in einfachster Form über die Dominantstufe der Zieltonart mit dem implizierten Leitton. Ein Wechsel von C-Dur nach C#-Dur würde beispielsweise über ein G#-Dur vollzogen. G#-Dur ist dabei die Dominante von C#-Dur. Die folgenden Tabellen zeigen für alle zwölf Tonstufen die passende Überleitung durch den Dominantakkord. Die Akkordschreibweise entspricht wieder dem internationalen System, B steht für das deutsche H und Bb für das deutsche B:

Tonstufe	1	2	3	4	5	6	7	8	9	10	11	12
Zieltonleiter	**C**	**C#**	**D**	**D#**	**E**	**F**	**F#**	**G**	**G#**	**A**	**A#**	**B**
	C	Db	D	Eb	E	F	Gb	G	Ab	A	Bb	B
Dominante	**G**	**G#**	**A**	**A#**	**B**	**C**	**C#**	**D**	**D#**	**E**	**F**	**F#**
	G	Ab	A	Bb	B	C	Db	D	Eb	E	F	Gb

Ein chromatischer Durchgang von C startend, würde auf der Stufe 1 beginnen, anschließend auf die Dominante von Stufe 2 springen und dadurch die Zieltonart einleiten:

C - G# - C# - A - D - A# - D# - B - E - C - F - C# ....

Ein beispielhafter Wechsel von C-Dur nach C#-Dur:

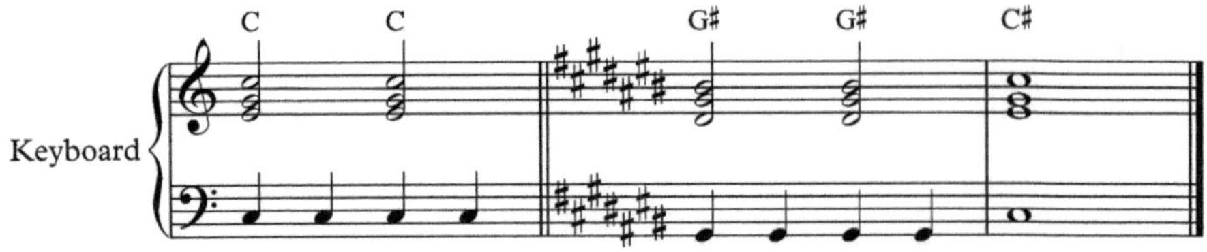

Eine weitere Möglichkeit, eine Rückung noch ausschweifender zu gestalten, liegt in der Einleitung über einen einleitenden Subdominantakkord mit None (Dominante) im Bass. Ein solcher Akkord kann auch als erweiterter Vorhalt betrachtet werden, der eine Verstärkung des Leittons der neuen Zieltonart bewirkt. Solche Einleitungen finden sich häufig in der Gospelmusik. Ein Übergang von C-Dur auf C#-Dur sähe ergo wie folgt aus:

C - F#/G# - G# - C#

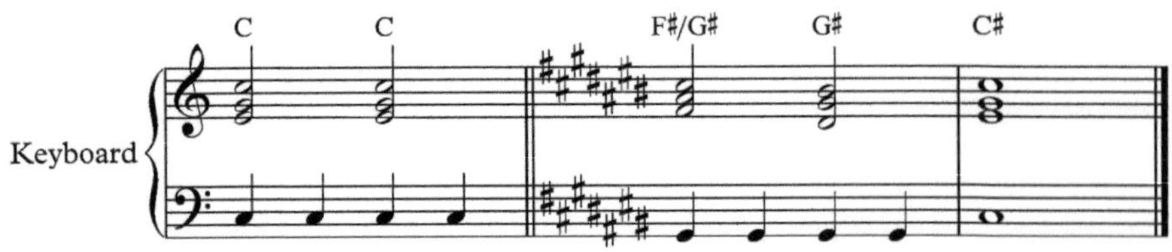

VIII. Mehrstimmige Klangübungen

Es ist alleine schon schwer genug, unisono ein sauberes und effektives Aufwärmprogramm zu absolvieren. Eine vollkommen andere Sache ist es jedoch, sich mehrstimmig aufzuwärmen. Mehrstimmige Aufwärmübungen dienen in erster Linie der Klang- und Intonationsbildung und sind daher auch so in diesem Buch benannt. Wie bereits mehrfach angedeutet besteht die größte Kunst im Chor darin, sich auf die anderen Sänger einzulassen und einen Gesamtklang zu bilden. Das gilt nicht nur für die Vokalfarbe und die Rhythmik, die in den vorangegangenen Kapiteln thematisiert wurde. Es gilt insbesondere für die Intonation, die mit den folgenden mehrstimmigen Übungen trainiert werden soll. Ein einheitlicher Rhythmus und eine einheitliche Vokalfarbe sind oftmals Voraussetzungen für eine saubere Intonation. Die folgenden Übungen sind daher rhythmisch einfach gehalten und zielen auf eine Intonationsbildung ab. Saubere Intonation entsteht dann, wenn jeder seinen Platz in der zu singenden Harmonie kennt und eine Vorstellung vom Gesamtklang hat. Daher sind auch einige Übungen zur Harmoniebildung eingefügt.

Übungen

Proben Sie bei den folgenden Übungen zunächst jede Stimme einzeln. Nur wer seine eigene Stimme beherrscht, kann sich dem Chorklang widmen. Der Fehler, der häufig gemacht wird, ist den einzelnen Stimmen zu wenig Aufmerksamkeit zu schenken, weil es sich ja „nur“ um Einsingen handelt. Klangübungen beim Einsingen können den Chorklang jedoch nachhaltig beeinflussen

Übung 1: Tonleiterübungen

Eine Tonleiter zu singen ist besonders im Chor nicht schwer. Eine Tonleiter mehrstimmig um ein bestimmtes Intervall versetzt zu singen schon. Die folgenden Übungen zeigen genau das auf. Als Klangfarbe kann jede beliebige Silbe genommen werden. Es empfiehlt sich jedoch, einen weichen Anlaut zu verwenden. Beispiele können na, la, mo, nu o.a. sein.

Variante a) Reine Quinte

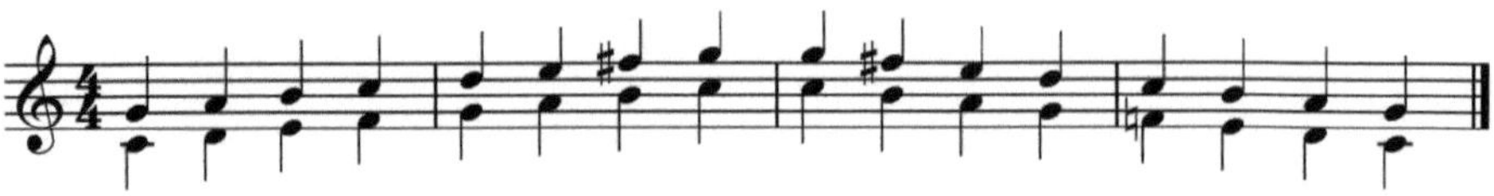

Variante b) Quarte

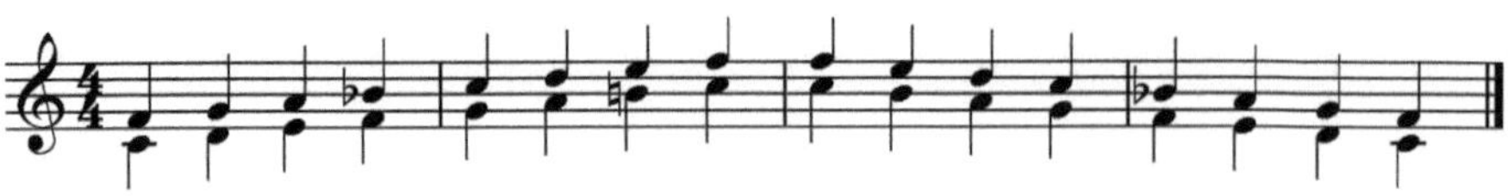

Variante c) Große Terz

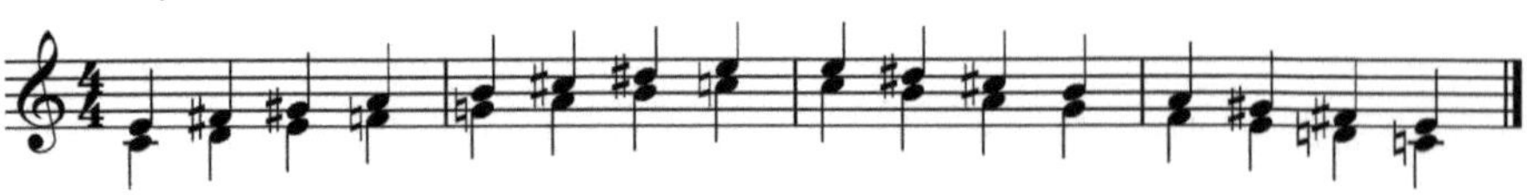

Variante d) Drei Quarten

Das Prinzip funktioniert auch mit mehreren Intervallen übereinander. Begrenzt wird die Machbarkeit lediglich durch den Ambitus der Sänger.

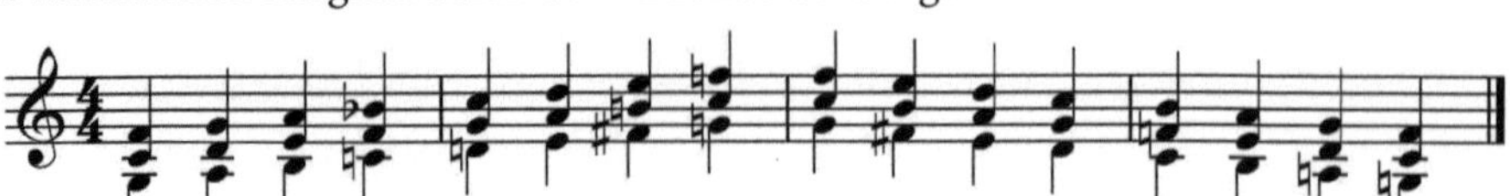

Übung 2: Vierklangübungen

Die folgende Übung soll den Zusammenklang im Chor und die Gehörbildung schulen. Die Vierklänge werden erst gemeinsam angesungen und anschließend mehrstimmig ausgesetzt. Die verwendeten Harmonien treten oft sowohl in klassischer als auch in moderner Literatur auf – jedoch kaum als Melodiefolge.

Variante a) Reiner Dur-Akkord

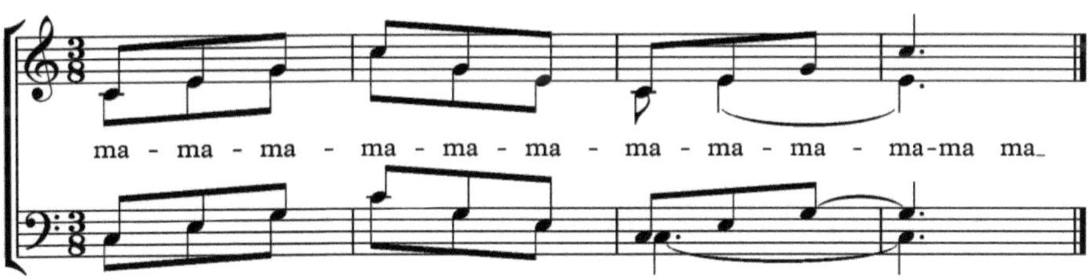

Variante b) Dur-Akkord mit großer Septime

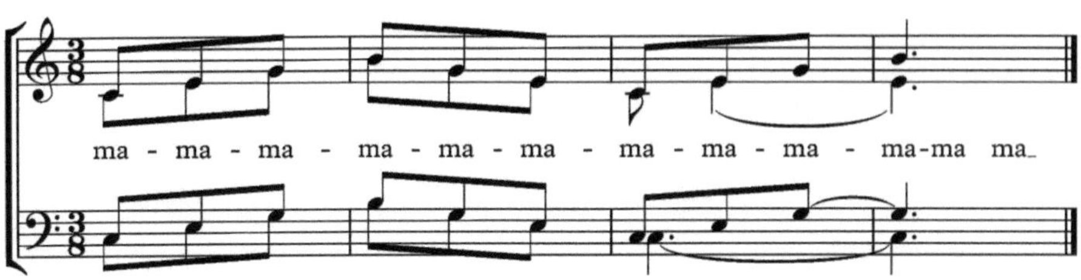

Variante c) Dur-Akkord mit kleiner Septime

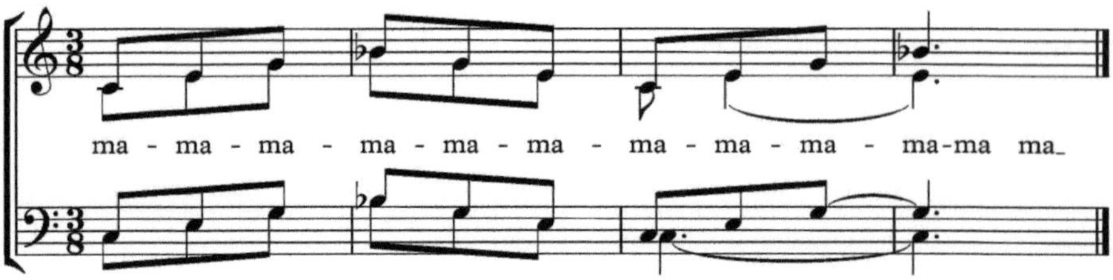

Variante d) Reiner Moll-Akkord

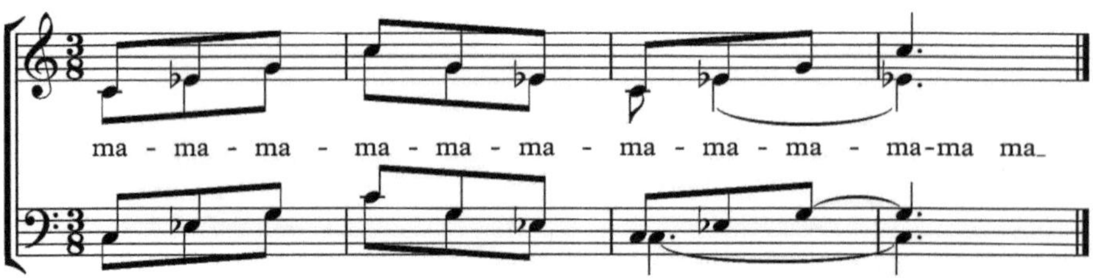

Variante e) Moll-Akkord mir kleiner Septime

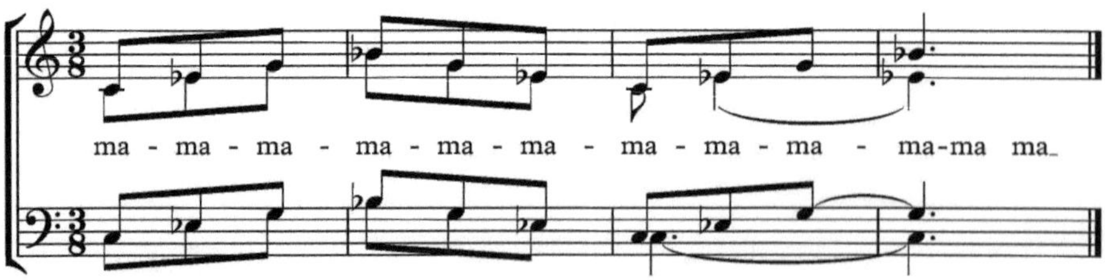

Variante f) Verminderter Septakkord

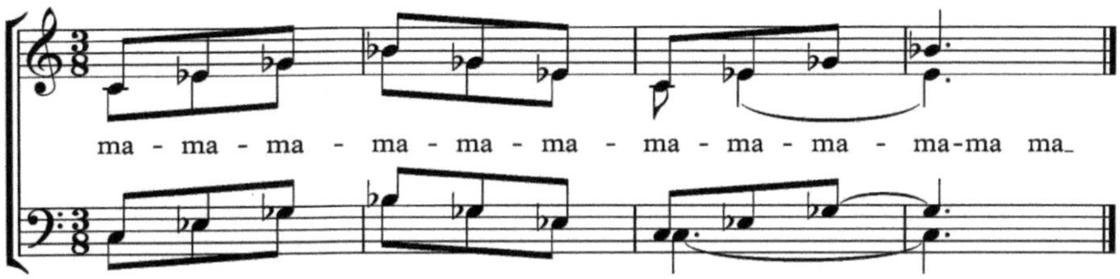

Übung 3: Vierklangübungen

Die folgende Übung ähnelt der vorherigen Übung, unterscheidet sich jedoch im Schwierigkeitsgrad. Bei der vorherigen Übung wurde zunächst der gesamte Vierklang durchgesungen, bevor er mehrstimmig ausgesetzt wurde. Bei der folgenden Übung wird zunächst nur eine Quinte im Verlauf gesungen und der Vierklang anschließend ausgesetzt. Dies bedeutet, dass die Sänger eine klare Vorstellung vom Akkord haben müssen, bevor Sie ihn ohne Hilfe aussetzen können. Die Übung macht daher erst nach vielfachem Üben der vorherigen Übung Sinn.

Variante a)

Reiner Dur-Akkord

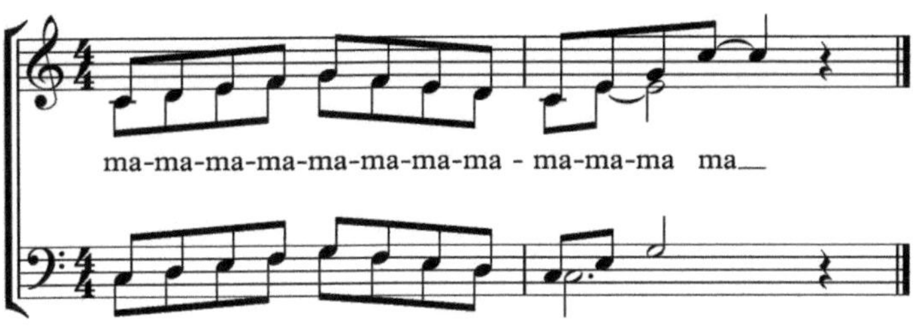

Variante b)

Dur-Akkord mit großer Septime

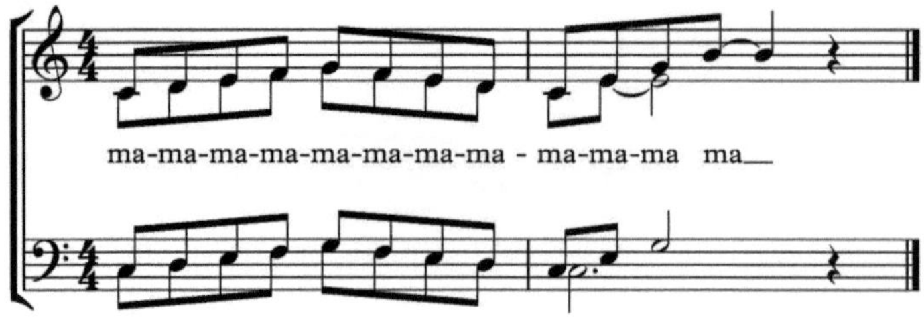

Variante c)

Dur-Akkord mit kleiner Septime

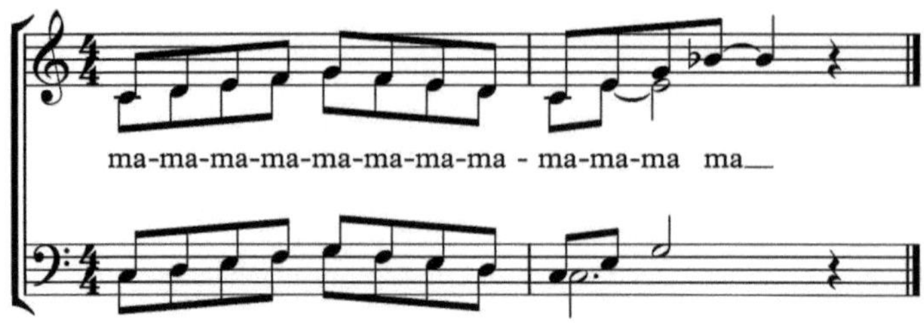

Variante d)

Reiner Moll-Akkord

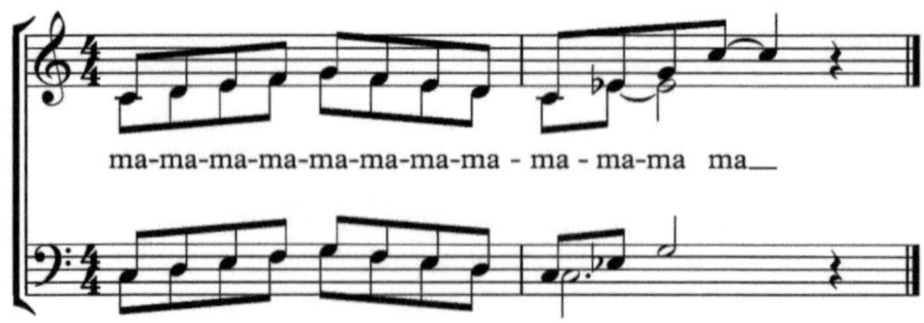

Variante e)

Moll-Akkord mit großer Septime

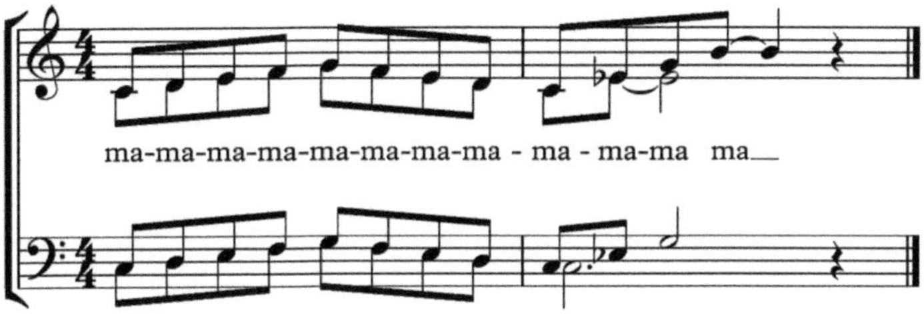

Variante f)

Moll-Akkord mit kleiner Septime

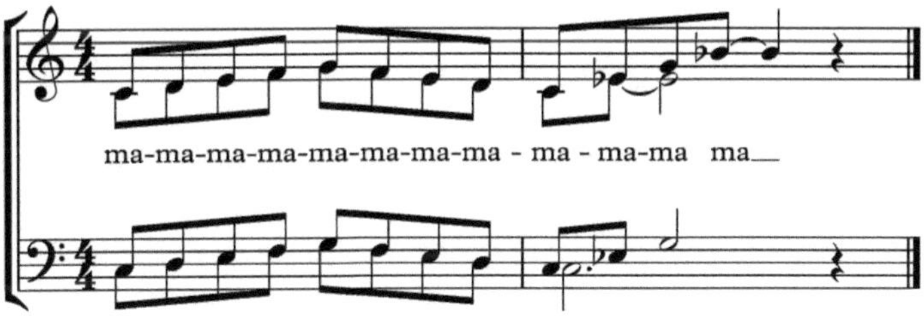

Variante g)

Verminderter Septakkord

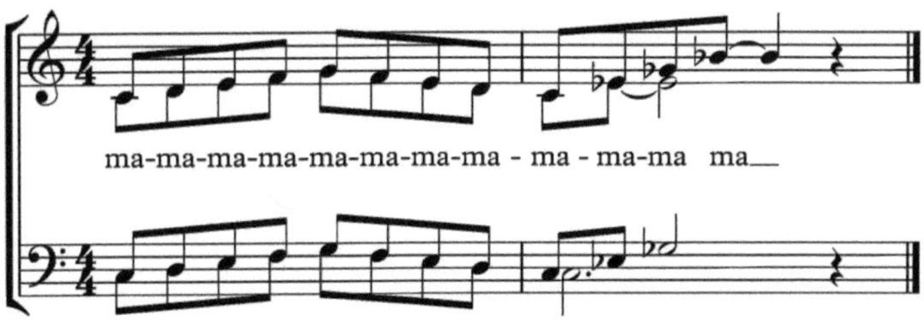

Übung 4: Vokalübung

Die folgende Übung entspricht der Übung VII – 2, ist aber mehrstimmig ausgesetzt. Achten Sie wieder auf eine einheitliche Vokalfärbung und einen gleichmäßigen Übergang.

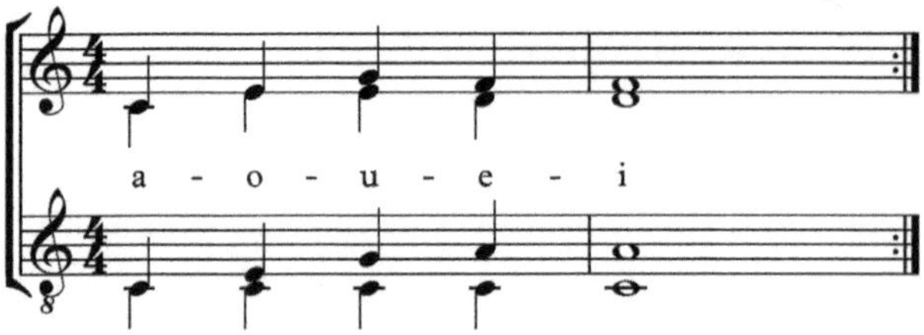

↗ Chromatisch aufwärts

Übung 5: Klang- und Volumenübung

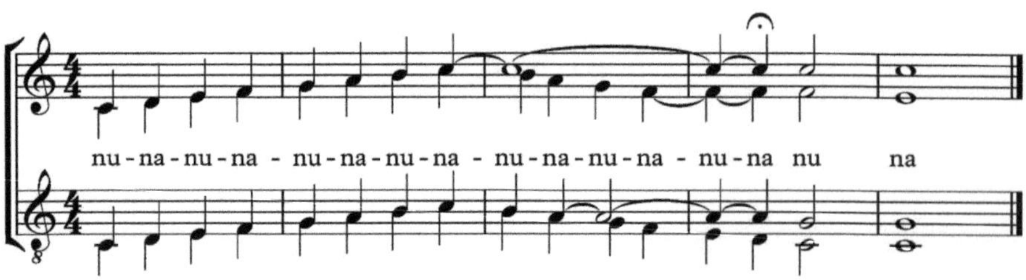

↗ Chromatisch aufwärts

Übung 6: Engelsklang

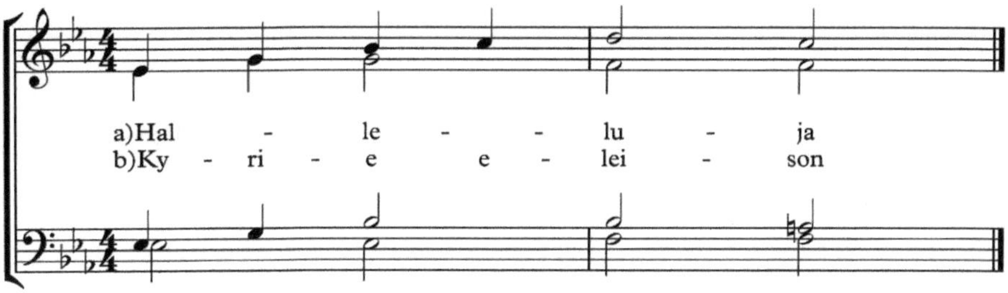

↗ Chromatisch aufwärts

Wie steht's eigentlich bei Ihnen?

Einsingen und die erste Phase einer jeden Chorprobe können auch immer gut zum Ausprobieren neuer Methoden und Techniken genutzt werden. Das gilt ebenso für die Aufstellung in Ihrem Chor. Beinahe alle Chöre greifen in Ihren Proben auf eine Aufstellung zurück, die nach Stimmen separiert ist. Dabei ist es egal, ob einreihig oder zweireihig geprobt wird. Jeder hat seinen festen Platz und seine feste Stimme. Das führt mitunter dazu, dass sich der einzelne hinter seiner Stimme versteckt und kaum Verantwortung für das eigene Register übernimmt. Das kann verhindert, bzw. verringert werden, wenn die Aufstellung variiert wird. Mehrstimmige Einsingübungen eignen sich hierzu aufgrund ihrer Simplizität besonders: Die Stimme ist nicht schwer, nach kurzer Wiederholung kann sie jeder auswendig und es gibt keine Textprobleme.

In einem einreihig probenden Chor findet man meist folgende Aufstellungen:

Variante a)

Die Männerstimmen stehen in der Mitte und werden von den Frauenstimmen eingerahmt. Diese Aufstellung leitet sich aus der klassischen zweireihigen Aufstellung ab und ist die vermutlich häufigste Art der Aufstellung.

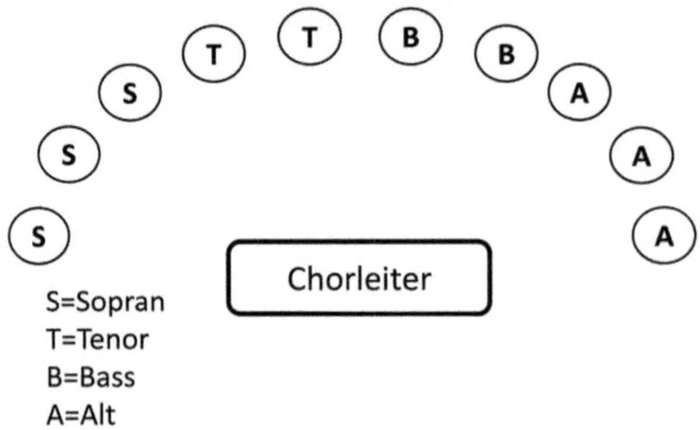

Variante b)

Die beiden Außenstimmen (Bass und Sopran) rahmen die Mittelstimmen ein.

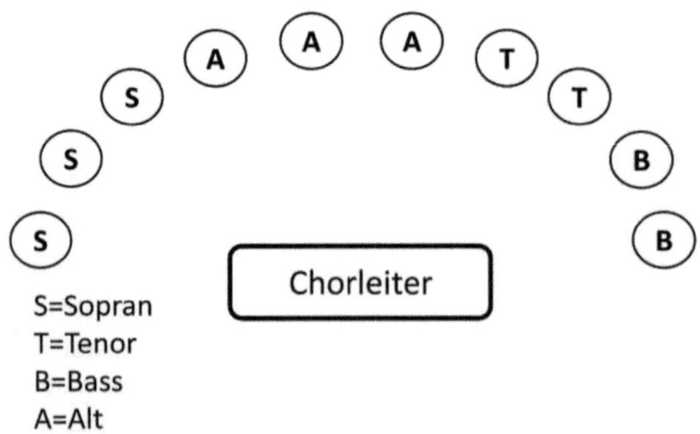

In der klassischen Aufstellung eines zweireihigen Chors stehen die Frauenstimmen vorne und die Männerstimmen in der zweiten Reihe.

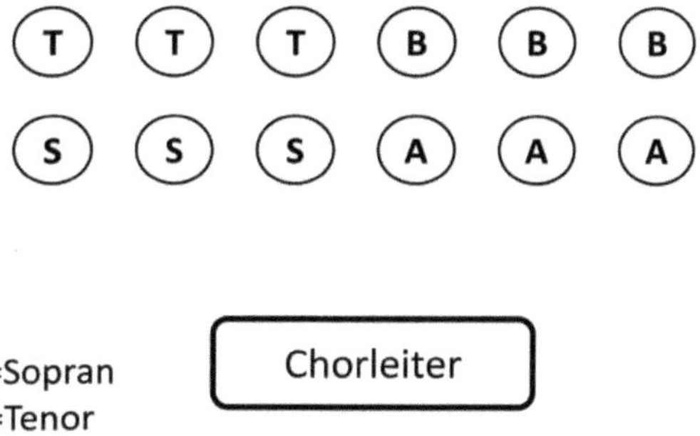

S=Sopran
T=Tenor
B=Bass
A=Alt

Neben den beschriebenen Varianten gibt es noch viele andere Möglichkeiten. Die dargestellten Formen sind jedoch die häufigsten.

Es hat viele Vorteile, wenn man diese Aufstellung einmal variiert. Wie bereits erwähnt, neigen Sänger in einem Chor dazu, sich hinter dem eigenen Register zu verstecken. Wenn Sie die Aufstellung so durchmischen, dass jeder neben einer anderen Stimme steht, muss jeder für sich selbst singen und Verantwortung übernehmen. Zudem hört jeder zwangsläufig die anderen Stimmen und passt sich besser in die Gesamtharmonik ein. Beim Einsingen lässt sich dies sehr einfach ausprobieren. Sie werden feststellen, dass die geänderte Aufstellung immer zu einem volleren und intensiveren Klang führt.

In der Praxis eignet sich diese Methode besonders bei Passagen, die vom Klang und den Harmonien leben. Durch die Durchmischung der Stimmen kann man Intonationsproblemen recht einfach begegnen. Die Eigenverantwortlichkeit führt zu einem bewussteren Chorklang.

Für einen zweireihigen Chor könnte eine Durchmischung beispielsweise wie folgt aussehen:

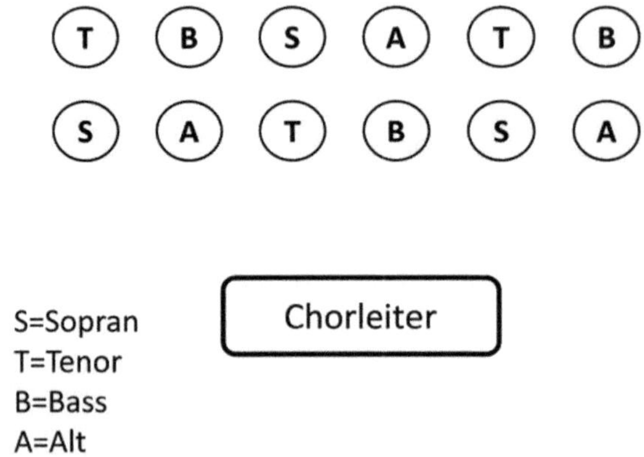

Das Pendant in einem einreihigen Chor:

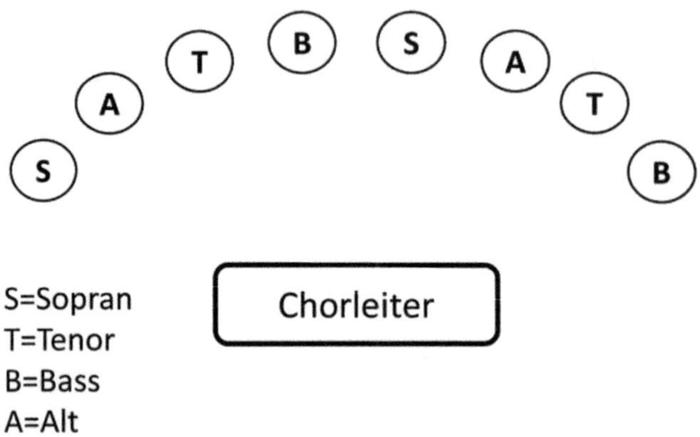

IX. Kanons

Kanons eilt oftmals der Ruf als Kinder- oder Volkslieder voraus. Bei genauerer Betrachtung stellen sie sich jedoch oft als hochkomplexe kontrapunktische Musikstücke heraus. Zudem gibt es sie in fast jedem Genre, egal ob Jazz oder Klassik. Kanons bestehen in ihrer reinen Form aus einer Melodie, die sich durch versetzte Neuanfänge selbst imitiert. Zum mehrstimmigen Singen muss also nur eine einzige Melodie gelernt werden. Daher wird gerne auf Kanons zum Einsingen zurückgegriffen.
Der älteste überlieferte und notierte Kanon stammt aus dem England des 13. Jahrhunderts: *Sumer is icumen in* ist ein sechsstimmiges Musikstück mit volkstümlichem Text.
Seinen Höhepunkt erreichte der Kanon wohl in der Barockmusik, insbesondere bei Johann Sebastian Bach, dessen Fugen, die einen Sonderfall des Kanons darstellen, mit mathematischer Genauigkeit komponiert wurden. Aktuell werden Kanons im Chorgesang auch als Pop- oder Jazzarrangements wieder populär, was auch Publikationen von Szenengrößen wie Bertrand Gröger oder Oliver Gies zeigen.
Die folgenden Übungen bestehen alle aus reinen Kanons, die einfach zu erlernen und für alle Altersgruppen geeignet sind.

Übungen

Da die meisten Kanons recht einfach und wenig komplex sind, ist mit das Wichtigste beim Kanon-Singen, Spaß zu haben und Leichtigkeit auszustrahlen.

Kanon 1: Fruchtkanon

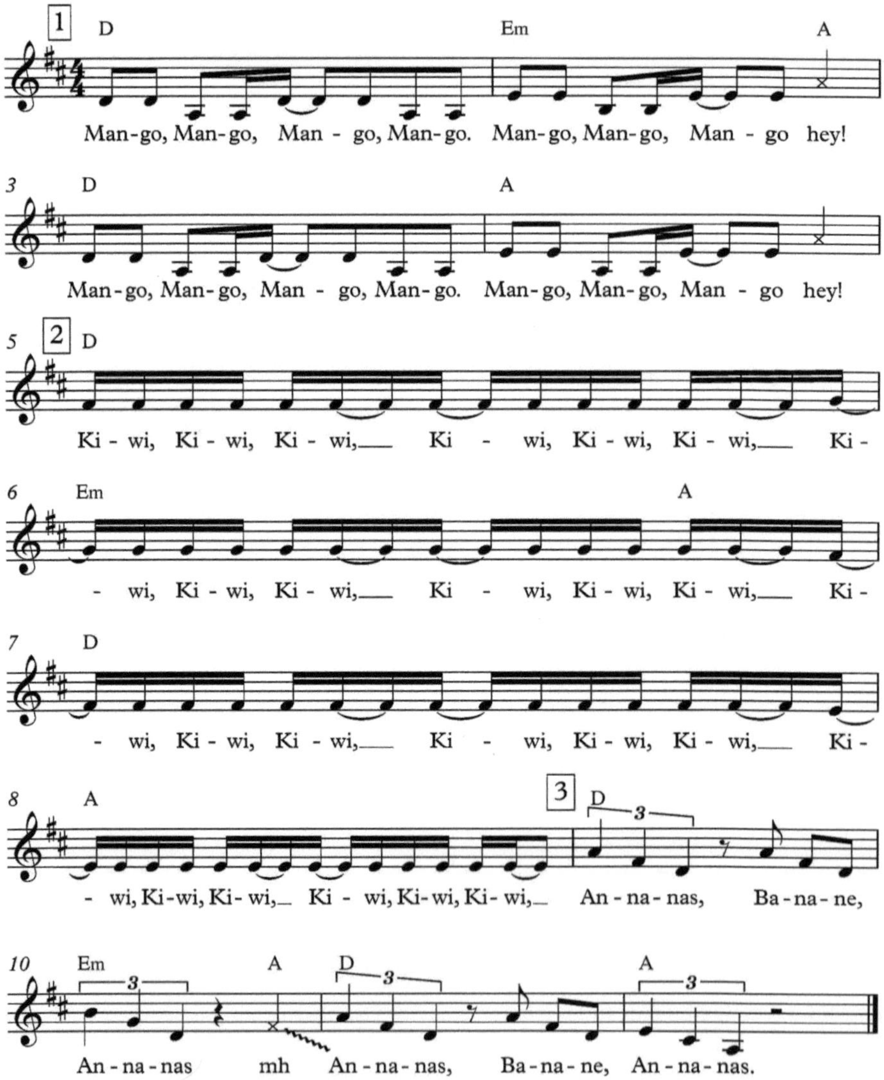

Kanon 2: I like the flowers

I like the flowers ist ein altes englisches Lied. Die Simplizität ermöglicht ein schnelles Lernen. Der Kanon ist bis zu vierstimmig singbar. Achten Sie darauf, dass auch bei längerem Singen die Punktierungen nicht verschwimmen.

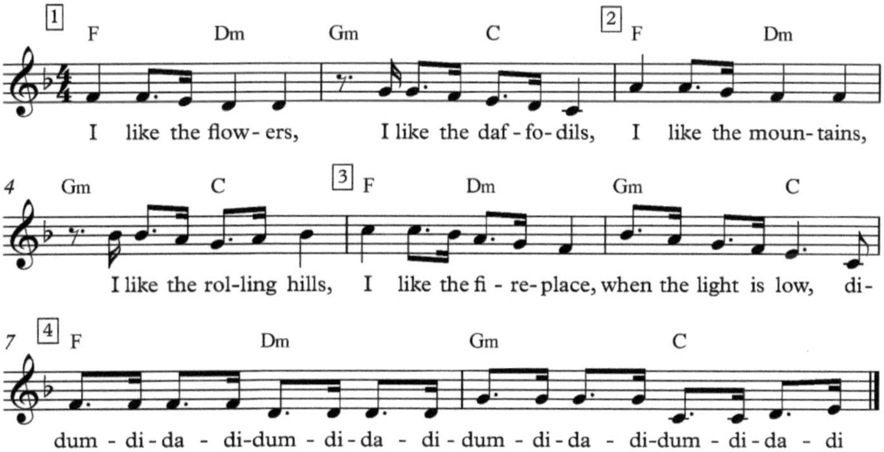

Kanon 3: Froh zu sein bedarf es wenig

Eine wesentliche Problematik der folgenden Übung liegt in der Aussprache der Wörter *wenig* und *König*. Siehe dazu auch den Kasten *König oder König: Die Aussprache macht den Unterschied* auf der folgenden Seite.

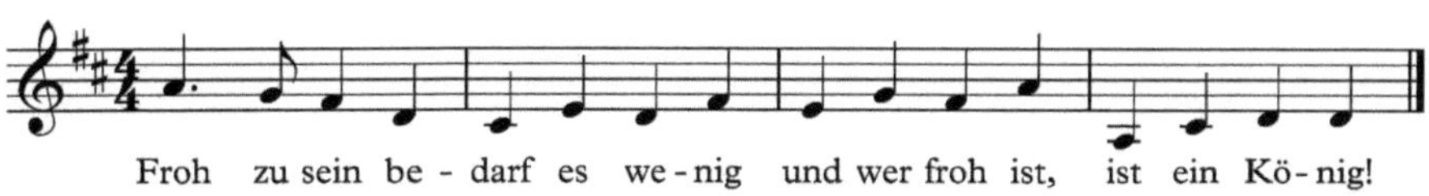

König oder Könich: Die Aussprache macht den Unterschied

Die größte Konstante in der Entwicklung der Sprache liegt wohl in deren Wandel. Sprache ändert sich von Generation zu Generation, nicht nur, weil sie auch als Abgrenzung zur vorherigen Generation benutzt wird. Auch wenn durch die großflächig verbreiteten Medien regionale Ausprägungen von Sprachen zurückgedrängt und deren Wandel allgemein verlangsamt werden, gibt es doch noch immer große Unterschiede, die gerade beim Chorgesang Probleme verursachen können. Es gibt zahlreiche Bücher, die sich mit scheinbar *richtiger* Aussprache beschäftigen. Aus oben genannten Gründen zeigt sich jedoch oftmals, dass Leute, die sich für eine mutmaßlich korrekte Aussprache einsetzen, oft am wenigsten von deren Wandel verstehen. Für die Praxis gilt daher: Einigen Sie sich mit Ihrem Chor auf eine Aussprache und berücksichtigen Sie regionale Unterschiede und Besonderheiten. Wider die Alltagssprache zu singen ist unglaublich schwer und selten erfolgreich. Besonders in ungewohnten oder stressigen Situation wird die geprobte Aussprache vergessen und die Alltagssprache wieder eingesetzt. Es kann also passieren, dass Sie intensiv eine spezielle Aussprache üben und beim Konzert die Hälfte des Chores wieder etwas anderes singt. Berücksichtigen Sie also unbedingt regionale Besonderheiten.

Aber was hat es nun mit dem König auf sich? König ist ein sehr plakatives Beispiel für unterschiedliche Aussprache und die Regeln der Standardsprache.

So gibt es mehrere verschiedene Aussprachen für ein G.

Standardsprachlich wird ein G in unbetonten Endsilben wie CH ausgesprochen. Man würde also *Könich* sagen. Das gleiche gilt für Wörter wie heilig (=*heilich*), ewig (=*ewich*) oder traurig (=*traurich*). Worte mit betonter Endsilbe oder nur einer Silbe werden hingegen mit geschlossenem G gesprochen. Der Weg bleibt also *Weg* und der Zwerg wird auch nicht zum *Zwerch.* Gerade das G wird auch in der Alltagssprache unterschiedlich ausgesprochen. Daher ist eine Einigung unvermeidlich.

Unabhängig von den Differenzen zwischen Standardsprache und Alltagssprache gibt es aber auch einige Aussprachehinweise, die im Chor klanglich einiges erleichtern und sogar fördern können. Ein tragfähiger Klang kann in der Regel nur auf Vokalen erzeugt werden. Auf Konsonanten ist die viel schwieriger. Im Jazz- und Popgesang wird zwar oft das Gegenteil gewollt, das gut umzusetzen erfordert jedoch ein großes Bewusstsein für Vokalklang. Aus pragmatischen Gründen soll daher hier nur kurz auf die klassische Vokalbildung eingegangen werden. Wenn Vokale der Klangbildung dienen bedeutet dies, dass bei mehrsilbigen Wörtern immer auf den Vokalen gesungen werden muss und die Silbentrennung immer nach Vokalen erforderlich ist. Das Wort *Kommen* soll daher nicht als Kom-men sondern vielmehr als Ko-mmen getrennt werden. Das gilt grundsätzlich für alle Wörter. Ähnlich verhält es sich auch bei Umlauten. Worte wie *Freude* werden daher auch auf einem offenen O gesungen, ergo Fro-ide. Dadurch wird ein einheitlicher Chorklang und eine größtmögliche Klangbildung ermöglicht. Der Einzelfall kann natürlich abweichen.

Kanon 4: Shalom chaverim

Shalom chaverim ist wohl einer der bekanntesten Kanons im deutschsprachigen Raum. Es handelt sich dabei um ein altes israelisches Volkslied, dessen Autor, wie bei vielen Volksliedern, unbekannt ist. Das Stück ist sehr ruhig.

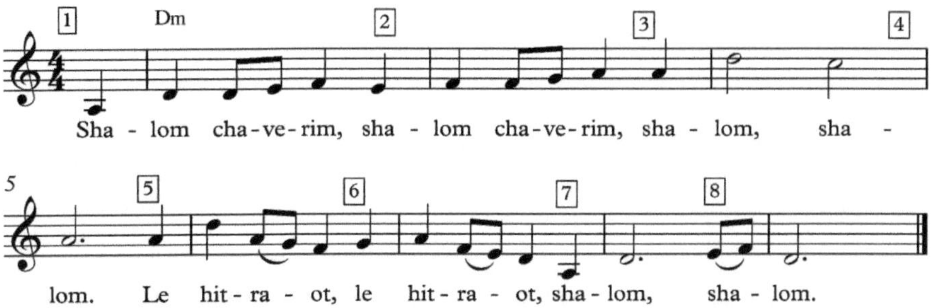

Call-and-Response, gedruckte Noten oder Multimedia?

Einsingübungen sind leicht zu lernen, haben einfache Melodien und sind eingängig. So steht es sinngemäß am Anfang dieses Buches. Dass dies nicht immer zutrifft, zeigt sich unter anderem bei den Übungen in diesem Kapitel. Daher stellt sich nicht nur beim Einsingen die Frage, wie man ein Stück oder eine Übung nun mit einem Chor einüben soll. Die bekanntesten Formen sind Call-and-Response, also Vorsingen und Nachsingen, oder eben die klassichen Kopien oder Notenausgaben. Beide Varianten haben ihre Vor- und Nachteile. Call-and-Response eignet sich besonders bei eingängigen Melodien, einfachen Texten und verständlichen Rhythmen. Der große Vorteil liegt in der Dirigentenzentrierung der Probe, da die Sänger keine störenden Blätter in der Hand haben. Zudem ist der Klang oft besser, da das Lesen der Noten viel Aufmerksamkeit erfordern. Dass man die Hände frei hat und sich leichter bewegen kann, ist ein weiterer angenehmer Nebeneffekt.

Also spricht alles gegen Noten? Nein, Noten haben ihre eigenen Vorteile. Call-and-Response kostet Zeit. Zeit, die man benötigt, um die Melodie und den Text zu vermitteln. Das geht mit Noten oftmals leichter und schneller. Auch lassen sich schwere Texte oder musikalisch schwierige Stellen leichter vermitteln.

In den letzten Jahren kommen zunehmend mehr digitale Möglichkeiten auf den Markt. Mittlerweile häufig genutzt werden Tablets als Notenanzeige. Dabei werden die Noten eingescannt oder gleich als PDF-Dokumente erworben. Die schweren Notenordner und die lästige Suche nach dem erwähnten Stück fallen weg. Zur Notenanzeige gibt es zahlreiche Apps, die Such- und Archivierungsfunktionen gleich implementiert haben. Meist werden dazu PDF-Dokumente genutzt, die quasi wie eine Bildanzeige funktionieren. Der Nachteil an diesen Funktionen ist die Begrenzung auf ein Format. Zoomen oder spezielle Ausschnitte bei kleiner Notation zu vergrößern, ist oft schwer. Einen Schritt weiter geht daher die spanische App Blackbinder, die erstmals auf der Musikmesse 2014 vorgestellt wurde. Blackbinder bedient sich des offenen Dateistandards MusicXML, das die gängigen Notationssoftwarepakete (z.B. Sibelius, Finale, Capella etc.) unterstützen. Dabei wird konsequent auf feste Rahmen verzichtet, wodurch eine beinahe stufenlose Skalierung möglich wird. Dazu hat Blackbinder einige

nützliche Zusatzfunktionen an Bord. Zu Beginn lässt sich das Tempo eingeben, wodurch eine zeitgenaue Anzeige erreicht wird.
Das alleine wären jedoch alles Spielereien für den individuellen Sänger, wenn nicht die spannenden Netzwerkfunktionen auch noch in der Software verfügbar wären. Blackbinder ist ausgelegt für eine Verknüpfung verschiedener Geräte. Dabei ist es möglich, dass der Dirigent zentral die Noteninhalte aufrufen, das Tempo festlegen und den Ablauf bestimmen kann. Jeder Sänger erhält dann passgenau die richtige Anzeige an seinem Platz. Bei großen Chören oder Orchestern kann zudem eine Sprachfunktion genutzt werden, wodurch lautes Schreien im Proberaum der Vergangenheit angehört. Ob sich diese Softwaremöglichkeiten jedoch durchsetzen, ist alleine aufgrund der hohen Kosten und der Komplexität fraglich. Vermutlich werden in naher Zukunft noch die individuellen Lösungen überwiegen.
Neben der Anzeige via Tablet gibt es natürlich noch die Möglichkeit analog mit beschriebenen Plakaten oder digital mit einem zentralen Beamer zu arbeiten. Beides ist Geschmackssache und abhängig vom technischen Aufwand.

Kanon 5: Viel Glück und viel Segen

Das Geburtstagslied *Viel Glück und viel Segen* ist sicherlich vielen bekannt. Dass es sich aber auch um einen wunderbaren Kanon handelt, ist weniger verbreitet.

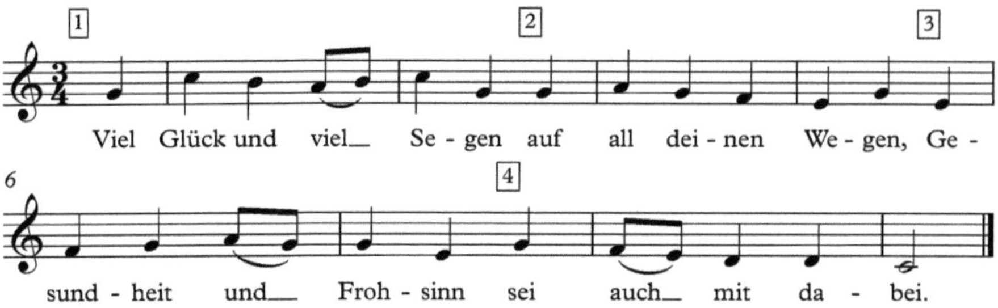

Kanon 6: Dona nobis pacem

Der Kanon *Dona nobis pacem* ist keinem Autor sicher zuzuordnen. Auch wenn er in der Geschichte häufiger verwendet wurde (so auch von Wolfgang Amadeus Mozart), ist sein gänzlicher Ursprung unbekannt.

Dona nobis pacem ist einer der melodischsten und ausführlichsten Kanons.

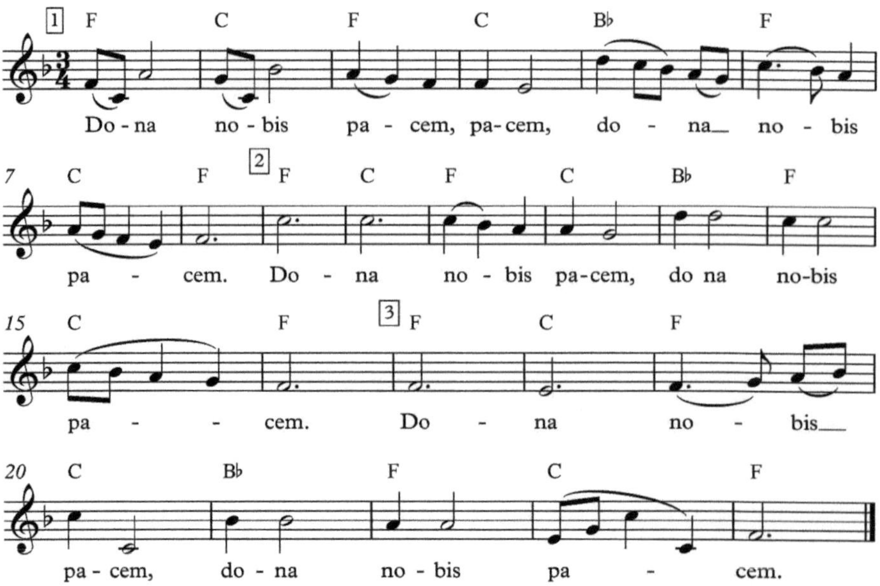

Kanon 7: C A F F E E

Der Kanon *C A F F E E trink nicht so viel Kaffee* ist meist als Kinderlied bekannt. Er ist jedoch für jede Altersstufe geeignet. Der Autor, Karl Gottlieb Hering (1766-1853) komponierte neben dem bekannten Kaffee-Lied noch weitere Kanons. Zudem gilt er als möglicher Urheber des Weihnachtsliedes *Morgen Kinder wird's was geben.* Der Text des abgedruckten Liedes ist kaum noch zeitgemäß und wurde daher leicht geändert.

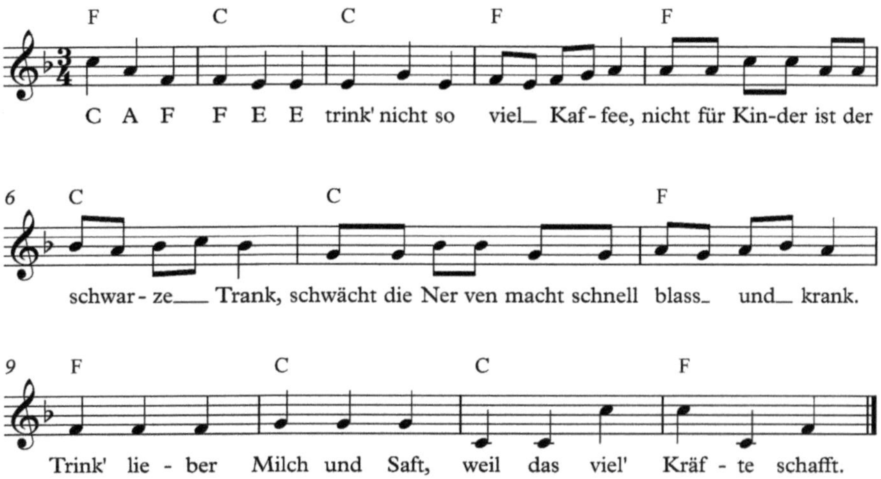

Kanon 8: Oberammergau

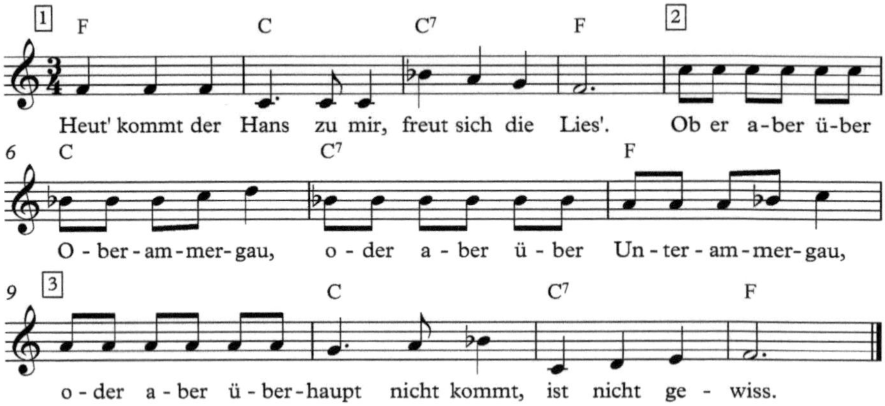

Kanon 9: Pachelbel-Canon

Der folgende Kanon ist dem berühmten *Canon in D-Dur* von Johann Pachelbel nachempfunden.

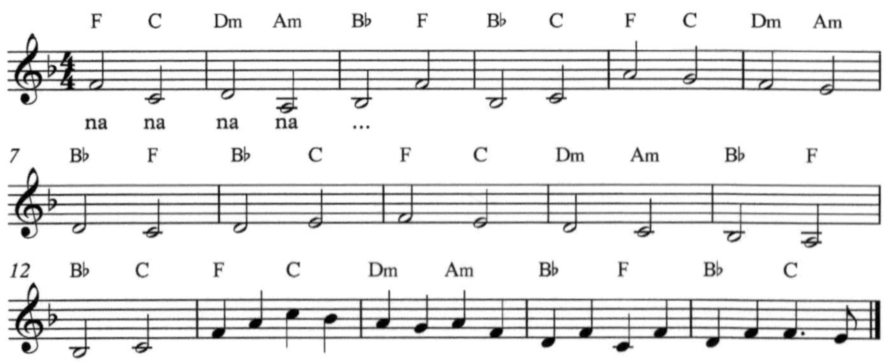

X. Einfache bekannte Volkslieder

Auch wenn sie vielen als altmodisch und nicht zeitgemäß gelten, gibt es doch viele Volkslieder, die nicht nur jedem bekannt, sondern melodisch auch noch überzeugend sind. Das zeigt sich unter anderem darin, dass viele Volkslieder in neuen Arrangements veröffentlicht werden und auch im Pop/Rock-Genre gerne gecovert werden.

Zum Einsingen eigenen sie sich in erster Linie aufgrund ihrer Bekanntheit, ihrem oft begrenzten Ambitus und ihrer geringen Komplexität. Im Folgenden sind daher einige altbekannte Lieder abgedruckt, die sich hervorragend zu diesem Zweck eignen.

Übungen

Praxistipp: Volksliedern einen modernen Anstrich verpassen

Viele Chorsätze zu Volksliedern sind monophon gesetzt. Alle Stimmen singen den gleichen Text und den gleichen Rhythmus. Dadurch wirken die Sätze für Pop-/Jazzchöre oft antiquiert. Dieses Klangbild lässt sich oft auffrischen, indem die Begleitstimmen nicht den Text singen, sondern einen Klangteppich bilden. Dazu wird der alte Chorsatz beibehalten, nur der Text ändert sich auf dooh oder dah – je nach Anlass. Auch kann alleine durch eine Veränderung der Vokalfärbung, der Metrik oder des Tempos ein Arrangement auf neue Art erklingen. Zudem werden mittlerweile häufig komplett neue, moderne Arrangements zu traditionellen Liedern veröffentlicht.

Lied 1: Der Mond ist aufgegangen

Der Mond ist aufgegangen ist eines der bekanntesten deutschen Schlaflieder. Auch wenn heute die bekannteste Version die unten abgedruckte Melodie von Johann A. P. Schulz ist, gibt es über 70 verschiedene Vertonungen zu dem Text, u.a. auch von Franz Schubert. Auch heute noch wird das Lied in immer neuen Versionen veröffentlicht. Im Pop/Rock-Genre ist es u.a. durch Herbert Grönemeyer bekannt, der es oftmals als Abschlusssong seiner Konzerte aufführt.

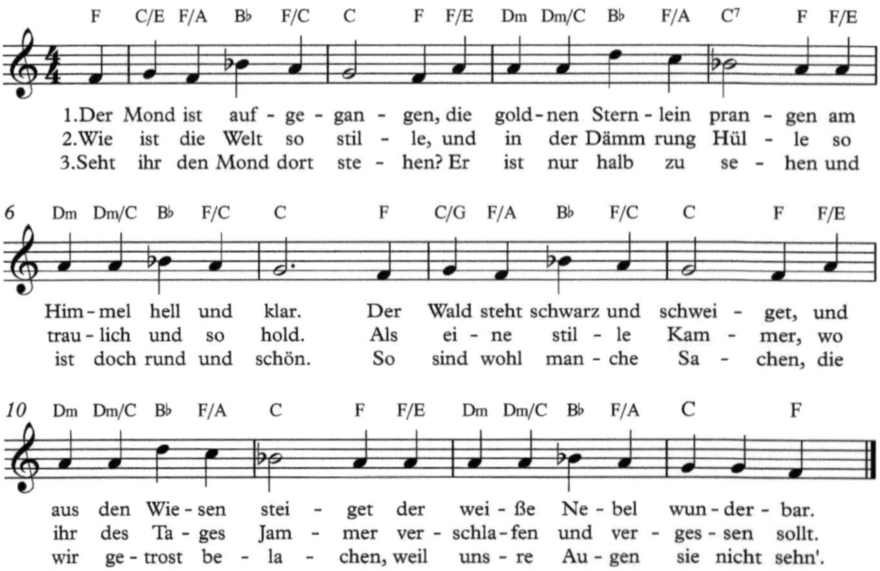

Lied 2: Nehmt Abschied Brüder

Nehmt Abschied Brüder ist die Übersetzung des englischen Liedes *Auld Lang Syne,* was zu den verbreitetsten Liedern im englischsprachigen Raum zählt. Es wird traditionell zum Jahreswechsel gesungen. Bekannt ist es auch als Abschiedslied der weltweiten Pfadfinderbewegung. Neben vielen englischsprachigen Künstlern hat auch die deutsche Punk/Rock-Band Die Toten Hosen das Lied neu interpretiert.

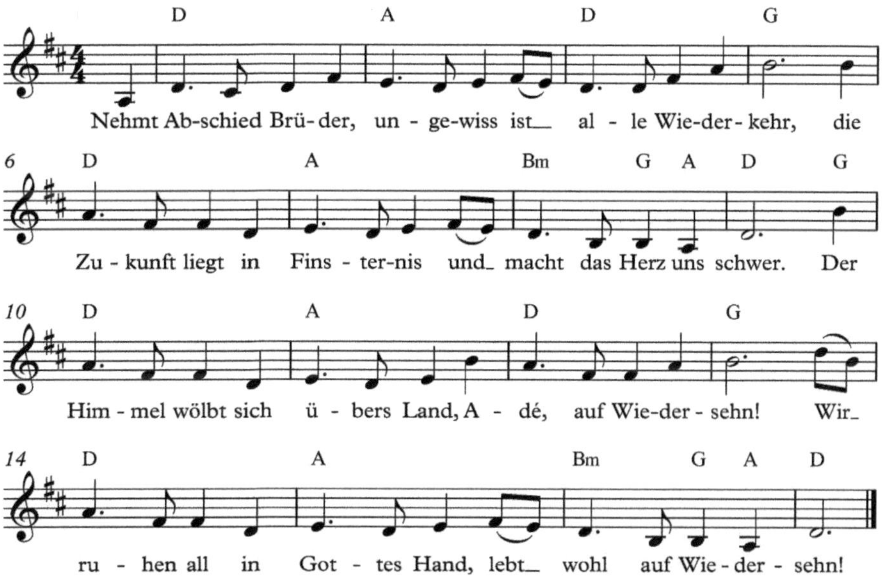

Lied 3: Die Gedanken sind frei

Der heute bekannte Text und die Melodie entstanden etwa zwischen 1780 und 1830. Das Motiv der Freiheit der Gedanken geht jedoch auf die Antike zurück. In der deutschen Geschichte hat das Lied besonders in den Revolutionsjahren an Bedeutung gewonnen.

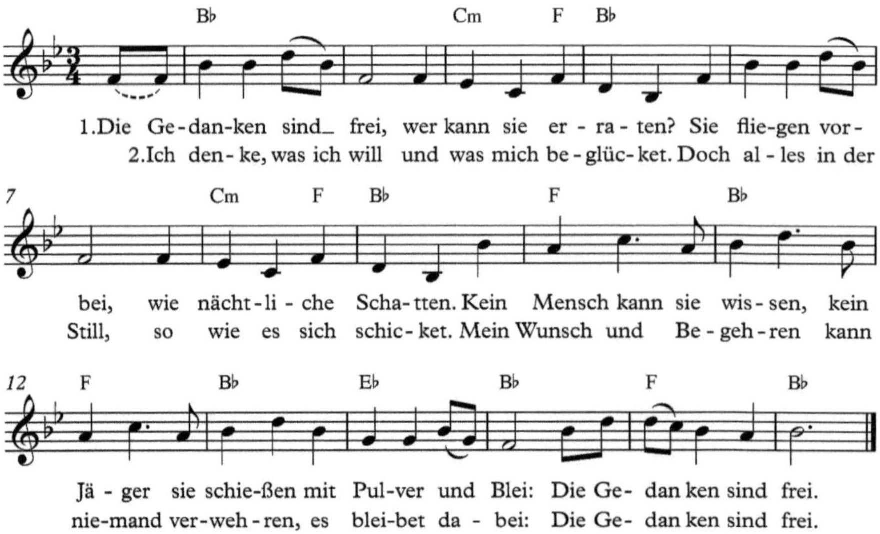

Lied 4: Go tell it on the mountain

Go tell it on the mountain ist ein afroamerikanischer Gospel, der auf die Zeit der Sezessionskriege datiert wird. Komponist und Texter sind unbekannt. Der Titel wurde unzählige Male gecovert. Die wohl bekanntesten Versionen stammen von Peter, Paul and Mary und Frank Sinatra.

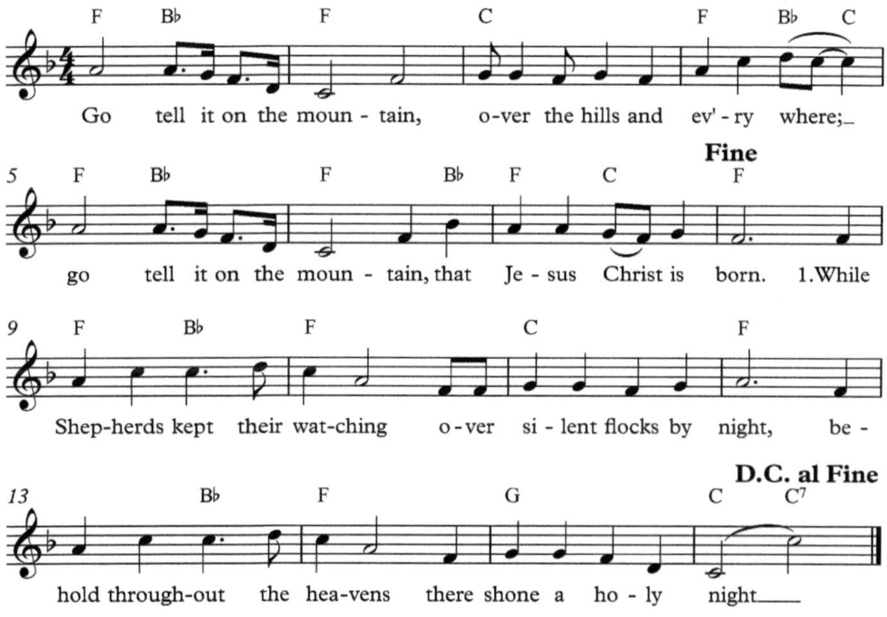

XI. Exemplarische Einsingabfolgen

Bei dem großen Umfang an verfügbaren Einsingübungen und den zahllosen Kategorien, ist es logisch, dass nicht alle Formen und Varianten bei jedem Einsingen abgedeckt werden können. Grundsätzlich muss man sich auch überlegen, ob man das Einsingen von Probe zu Probe variiert, oder ob man immer auf die gleiche Reihenfolge und die gleichen Übungen zurückgreifen möchte. Es gibt auch Chöre, die über lange Zeit immer die gleichen Übungen singen, sodass der Chorleiter die einzelnen Bestandteile nicht einmal ansagen muss. Die meisten Chorleiter greifen jedoch auf einen Grundstock verschiedener Übungen zurück, aus denen sie sich oft spontan ein paar heraussuchen. Beide Varianten haben ihre Vor- und Nachteile. Es kann jedoch immer erfrischend sein, einmal ein paar neue Übungen auszuprobieren. Im Folgenden sind exemplarisch ein paar mögliche Einsingabfolgen dargestellt, die sich aus den Übungen dieses Buches zusammenstellen. Auch diese Abläufe sind Vorschläge und können nach Belieben geändert werden. Die einzelnen Rubriken, denen die Übungen entnommen wurden, sind zur besseren Orientierung gesondert gekennzeichnet.

Mögliches Einsingen: Abfolge I

Übung 1: Kopf hängen lassen

Beugen Sie sich nach vorne über und lassen Sie Kopf, Arme und Rumpf entspannt vorne über hängen. Richten Sie sich nun langsam entlang Ihrer Wirbelsäule auf. Zuletzt richten Sie auch den Kopf wieder auf

Vgl.: I – 11, S. 16

Übung 2: Schultern kreisen

Lassen Sie Ihre Schultern nach vorn und hinten kreisen. Beginnen Sie mit der rechten Schulter nach vorne und nach hinten. Wiederholen Sie das gleiche mit der linken Schulter. Danach lassen Sie beide Schultern gemeinsam kreisen, erst nach vorne, dann nach hinten. Besonders schwer ist es, eine Schulter nach vorne und die andere nach hinten kreisen zu lassen.

Vgl.: I – 1, S. 13

Übung 3: Alltag abschütteln

Schütteln Sie Arme und Beine aus. Gehen Sie deduktiv vor und verkleinern die Körperstelle. Schütteln Sie zum Beispiel erst den ganzen Arm aus, dann nur die Hand und später einzelne Finger. Das gleiche kann auch auf Beine und Füße übertragen werden

Vgl.: I – 8, S. 15

Übung 4: Lokomotive

Das Zwerchfell dient nicht nur der Einatmung sondern maßgeblich auch der Ausatmung. Gerade beim Singen ist eine Stützung durch den Zwerchfellmuskel von großer Bedeutung. Das kann durch kurze kraftvolle Laute mit einem bewussten Einsatz des Zwerchfells geübt werden. Zu Beginn eignet sich die Variante f-s-sch, da sie einen weichen Einstieg ermöglicht. Aber auch p-t-k eignet sich für diese Übung.
Leichter Einstieg auf weicheres f, s, und sch

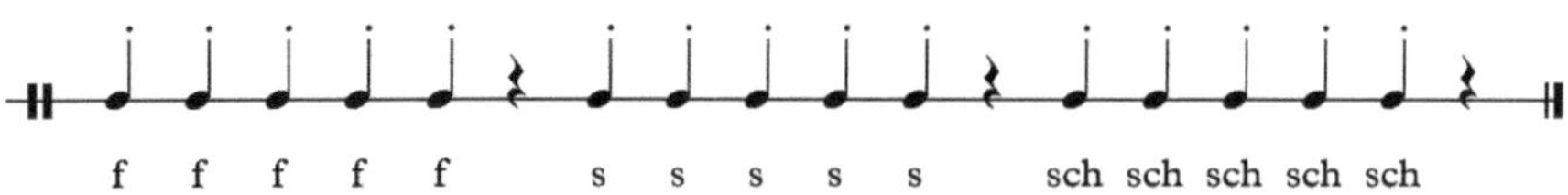

Vgl.: II – 4, S. 26

Übung 5: f-s-sch

Um die Geschwindigkeit zu steigern und die Artikulationsgenauigkeit zu trainieren, eignet sich die folgende Übung. Beginnen Sie langsam und werden Sie dann immer schneller.

Schwerere Variante auf f, s und sch

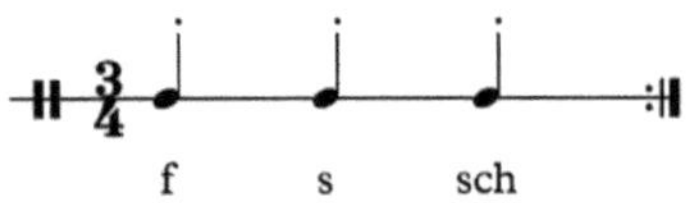

Vgl.: II – 5, S. 27

Übung 6:

Achten Sie bei dieser Tonfolge darauf, dass tatsächlich Legato gesungen wird. Die einzelnen Töne sollten nicht erneut angestoßen werden.

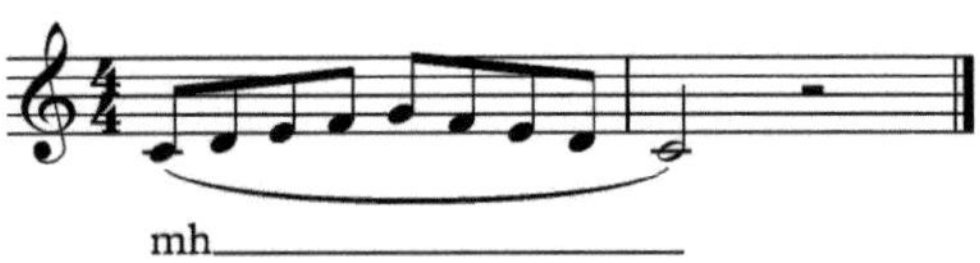

↗ Chromatisch aufwärts

Vgl.: III – 3, S. 32

Übung 7:

Achten Sie bei folgender Übung auf die Legato-Bögen und darauf, dass die letzten beiden Töne metrisch angehalten werden. Lange Töne ermöglichen eine effektivere Einstellung auf den Ton, als kurze Töne.

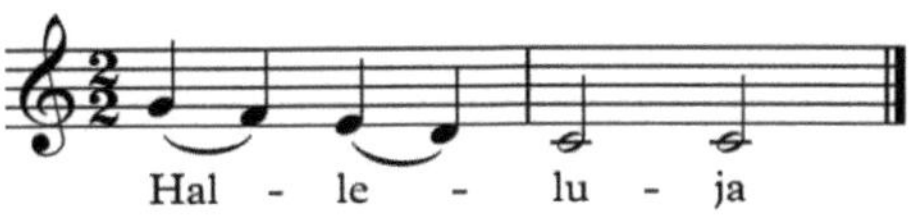

↘ Chromatisch abwärts

Vgl.: VI – 2, S. 57

Übung 8:

Die Übung sollte in recht schnellem Tempo durchgeführt werden. Werden Sie sukzessive schneller. Das Tempo ist richtig, wenn die Silben gerade noch deutlich und sauber artikuliert werden.

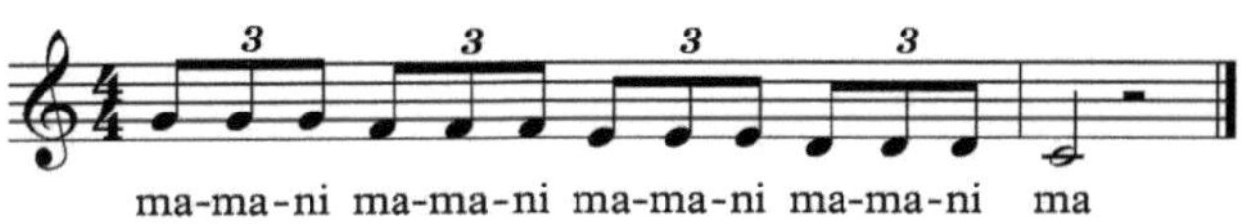

↗ Chromatisch aufwärts

Vgl.: IV – 5, S. 37

Übung 9:

Die Schwierigkeit der folgenden Übung liegt in der Länge. Es ist nicht ganz einfach, über vier Takte die gleiche Spannung aufrecht zu erhalten und jeden Ton kurz und prägnant anzusingen.

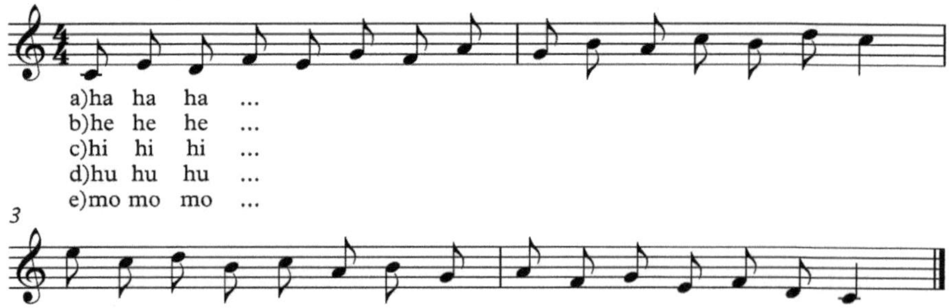

↗ Chromatisch aufwärts

Vgl.: VI – 7, S. 66

Übung 10: Klang- und Volumenübung

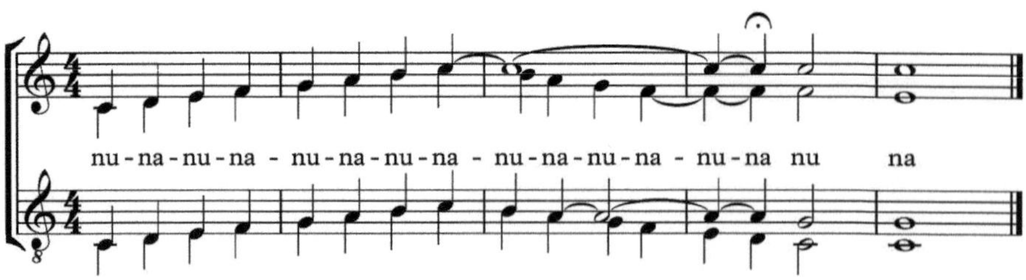

↗ Chromatisch aufwärts

Vgl.: VIII – 5, S. 82

Übung 11: Länderkanon

Die folgende Übung, der *Länder-Kanon,* kann sowohl als Kanon, als auch als einfaches melodisches Warmup verwendet werden. Achten Sie auf den Swingrhythmus.

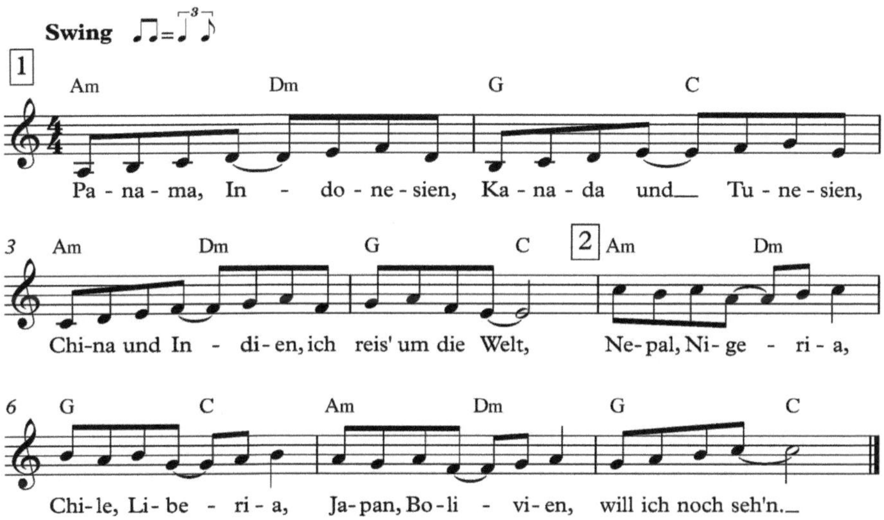

↗ Chromatisch aufwärts

Vgl.: IV – 18, S. 47

Mögliches Einsingen: Abfolge II

Übung 1: Kompass

Strecken Sie ihre Arme rechts und links vom Körper aus und drehen sie sich nun abwechselnd nach links und rechts. Wichtig: Die Füße bleiben die ganze Zeit fest verankert.

Vgl. I – 10, S. 16

Übung 2: Kauen und Gähnen

Machen Sie gemütliche Kaubewegungen. Gähnen Sie ausgiebig. Streichen Sie sich anschließend über die Wangen und massieren Sie Ihre Kiefermuskulatur.

Vgl. I – 4, S. 14

Übung 3: Auf der Stelle laufen

Beginnen Sie langsam auf der Stelle zu gehen, werden Sie immer schneller bis Sie tatsächlich laufen. Werden Sie wieder langsamer und wiederholen Sie die Übung.

Vgl. I – 2, S. 14

Übung 4: Kirschkuchen mit Sahne

Schließen Sie die Augen und stellen Sie sich den köstlichen Geruch von Kirschkuchen mit Sahne vor. Alternativ kann natürlich auch auf jedes andere beliebte Gericht zurückgegriffen werden.
Lassen Sie nun diesen wohltuenden Geruch tief durch Ihre Nase einströmen. Verändern Sie sukzessive Ihre Fokussierung. Nachdem Sie zweimal ohne Anweisung den Geruch eingesogen haben, achten Sie nun darauf, den Geruch in den Bauch einzusaugen und nach und nach den Bauch, den Raum der Rippenbögen und den Brustkorb mit dem Geruch zu füllen. Das alles passiert mit der Ruhe, mit der man den Geruch von Kirschkuchen und Sahne an einem ruhigen Sonntagnachmittag einsaugt.

Vgl. II – 1, S. 25

Übung 5: Schwere Zeiten

Atmen Sie durch den Mund tief ein und mit einem großen Seufzer wieder aus. Lassen Sie dabei Ihren Körper folgen, indem Sie leicht zusammenfallen. Wiederholen Sie die Übung mehrfach.

Vgl. II – 2, S. 25

Übung 6: Summen

Diese Übung sollte Legato, ergo ohne erneute Tonanstoßung gesungen werden.

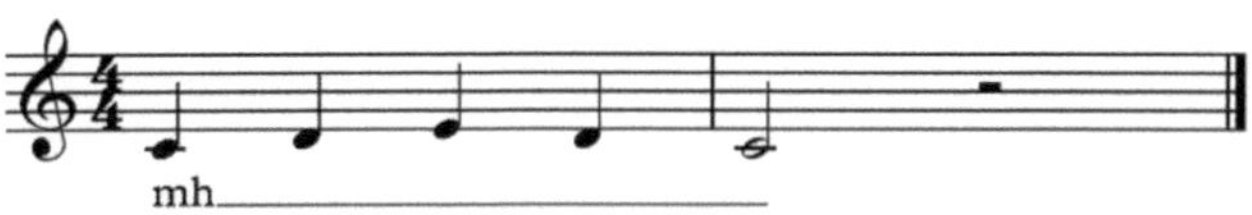

↗ Chromatisch aufwärts

Vgl. III – 4, S. 33

Übung 7: Tiefenübung

Führen Sie die folgende Übung sehr entspannt aus. Probieren Sie verschiedene Vokalstellungen aus und versuchen Sie nicht, gleichmäßige Vokalfarbe zu erzeugen. Die Übung dient der vollkommenen Lockerung.

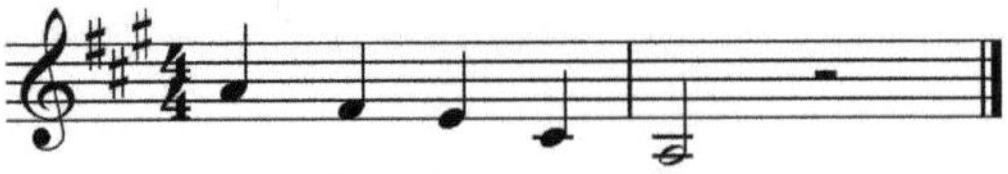

a)jo jo jo jo jo
b)ja ja ja ja ja
c)ju ju ju ju ju
d)jäi jäi jäi jäi jäi
e)yeah yeah yeah yeah yeah

↘ Chromatisch abwärts

Vgl. V – 1, S. 56

Übung 8: Morgenstimmung

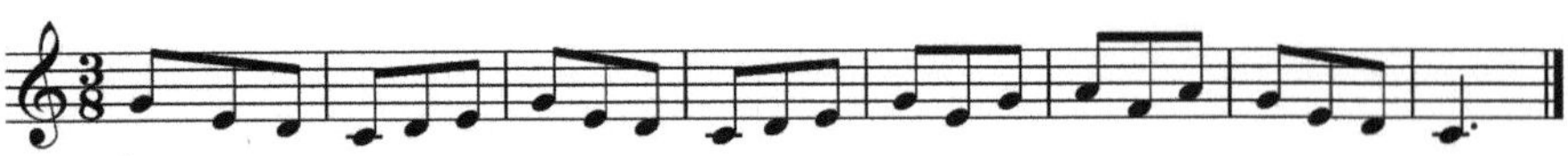

a)na na na ...
b)la la la ...
c)ma ma ma ...

↗ Chromatisch aufwärts

Vgl. IV – 2, S. 36

Übung 9: Sonne

Die folgende Übung soll sehr klangvoll durchgeführt werden. Achten Sie dabei darauf, dass das Legato auf den Vokalen als durchgehender Vokal gesungen wird. Ganz leicht wird sonst aus einem Son-ne oder einem Sah-ne ein So-ho-ho-honne oder ein Sa-ha-ha-hahne.

Variante a)

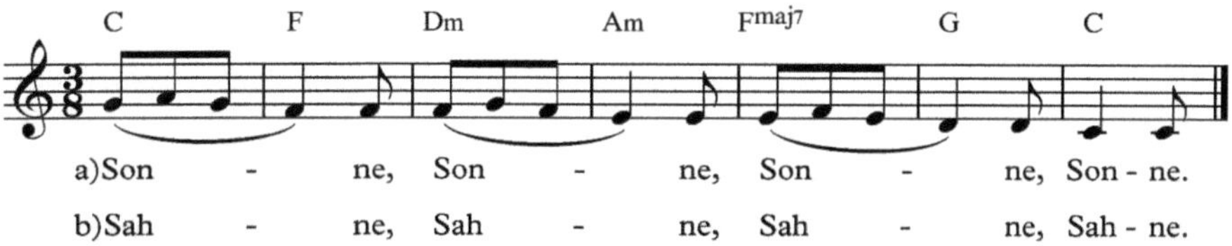

↗ Chromatisch aufwärts

Vgl. IV – 11, S. 41

Übung 10: Engelsklang

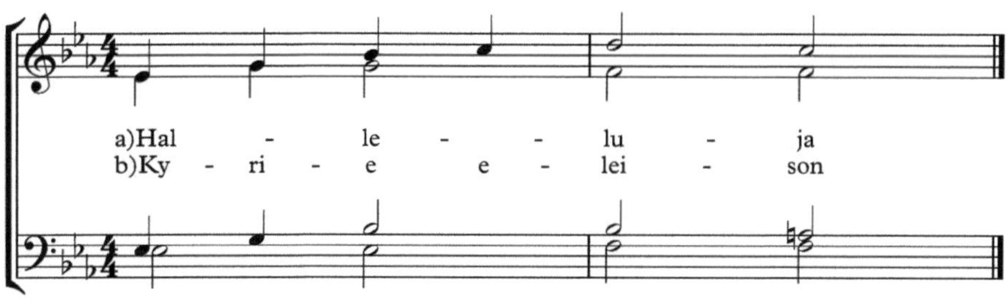

↗ Chromatisch aufwärts

Vgl. VIII – 6, S. 83

Mögliches Einsingen: Abfolge III

Übung 1: Kompass

Heben Sie Ihre Arme über den Kopf nach oben und strecken Sie sich so weit wie möglich. Beugen Sie sich nun behutsam zur rechten und zur linken Seite, bis Sie ein leichtes Gefühl der Dehnung in Ihrer Seite spüren.

Vgl. I – 10, S. 16

Übung 2: Füße kreisen

Es ist gar nicht so leicht, längere Zeit auf einem Bein zu stehen. Noch schwieriger wird es, wenn Sie auf einem Bein stehen und den anderen Fuß um sein Gelenk kreisen lassen. Tipp: Konzentrieren Sie sich auf den kleinen Zeh des Standfußes.

Vgl. I – 7, S. 15

Übung 3: Das Pendel

Pendeln Sie bei festem Stand abwechselnd nach vorne und hinten sowie zu den Seiten.

Vgl. I – 3, S. 14

Übung 4: Luftballon

Atmen Sie nach dem beschriebenen Muster tief ein und lassen Sie die Luft langsam und konstant entweichen. Es geht darum, einen möglichst langen und konstanten Luftstrom zu erreichen. Messen Sie ruhig die Zeit und vergleichen Sie, ob Sie eine Steigerung zwischen verschiedenen Chorproben feststellen können.
Die Übung kann in verschiedenen Varianten auf verschiedene Laute durchgeführt werden. Jeder Konsonant hat dabei eine andere Mundöffnung und einen anderen Schwierigkeitsgrad.

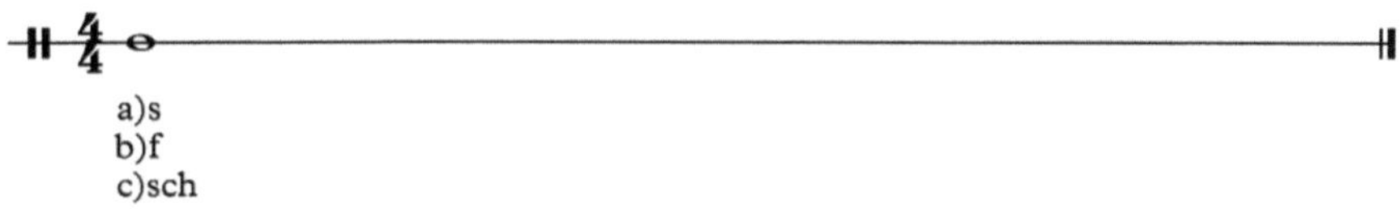

Vgl. II – 3, S. 26

Übung 5: Summen

Diese Übung sollte Legato, ohne erneute Tonanstoßung gesungen werden.

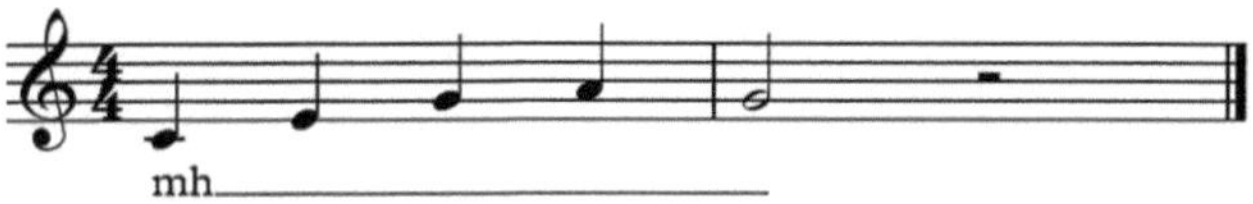

↗ Chromatisch aufwärts

Vgl. III – 4, S. 33

Übung 6:

Die Übung lockert nicht nur Lippen und Stimme, sie trainiert auch die Atmung und einen gleichmäßigen Luftstrom.

Wiederholen Sie die Übung drei Mal, ohne zwischenzeitlich zu atmen.

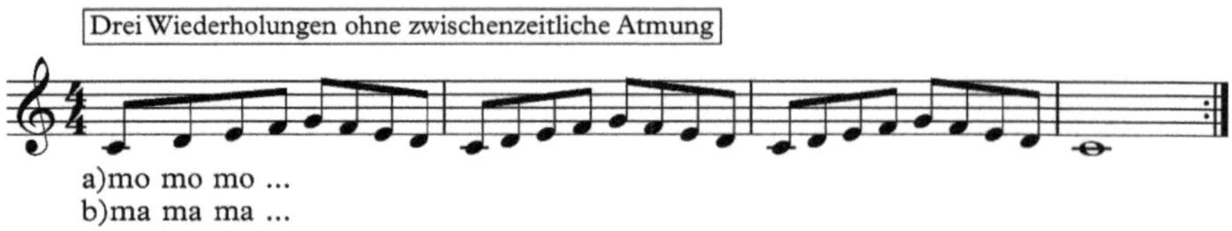

↗ Chromatisch aufwärts

Vgl. IV – 6, S. 38

Übung 7:

Führen Sie die folgende Übung unter Zwerchfelleinsatz durch.

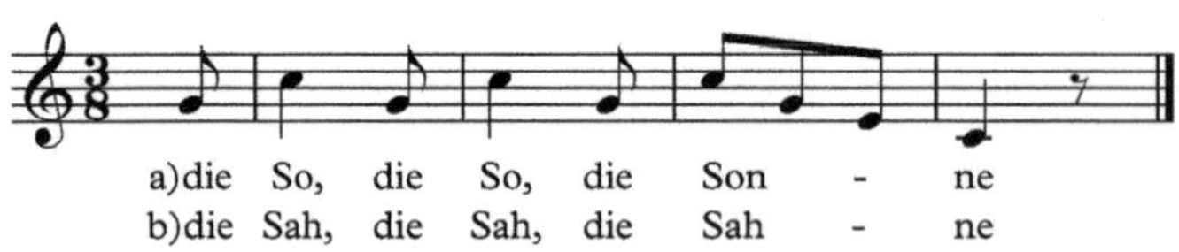

↗ Chromatisch aufwärts

Vgl. IV – 10, S. 41

Übung 8:

Das Tempo der folgenden Übung sollte ruhig gehalten werden.

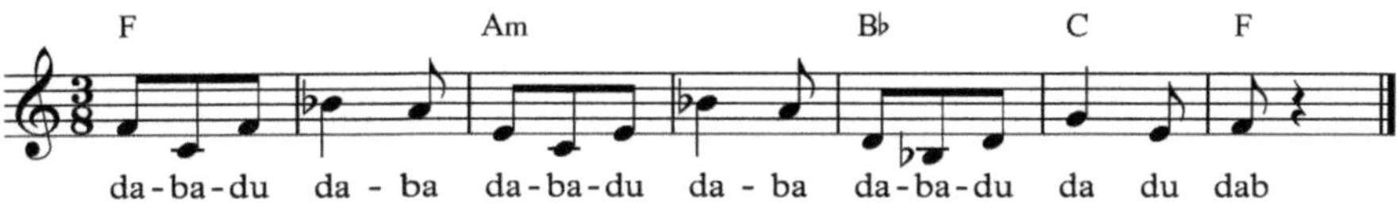

↘ Chromatisch abwärts

Vgl. V – 3, S. 57

Übung 9:

Es ist meist leichter, einen Ton mithilfe eines Konsonanten anzusingen. Daher sollte bei der folgenden Übung besonders auf die Intonation der Terz geachtet werden, die ohne stützenden Anlaut leicht verschwimmt.

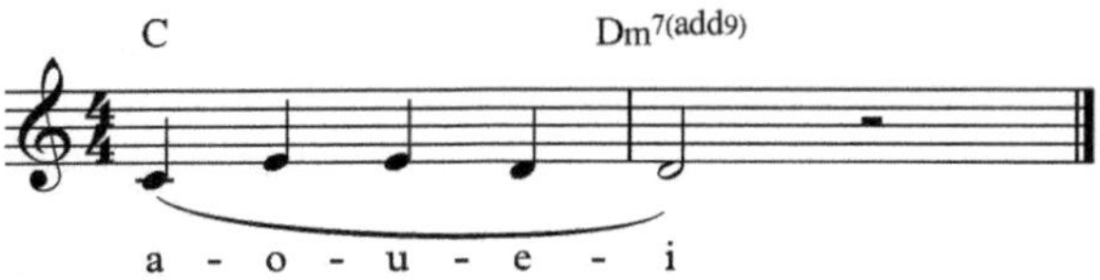

↗ Chromatisch aufwärts

Vgl. VII – 2, S. 69

Übung 10:

Die folgenden Übungen dienen der Vokalbildung unter Zuhilfenahme eines weichen Anlautes. Die Schreibweise ist dabei der gängigen Jazznotation angepasst. Folgende Aussprachen sind vorgesehen:

Whoa = offenes O

Whoo = U

Whee = i

Whe = e

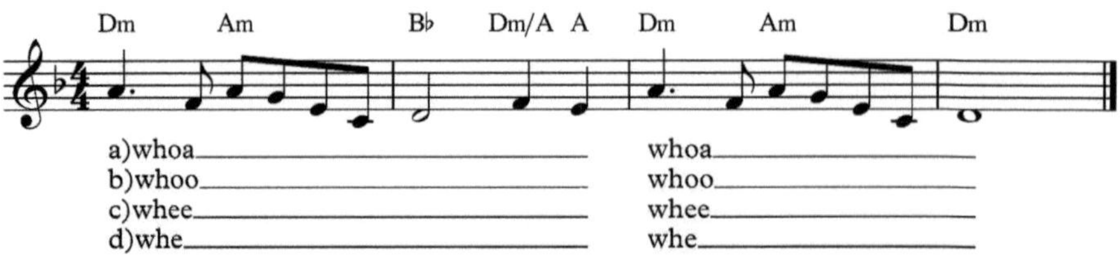

↗ Chromatisch aufwärts

Vgl. VII – 6, S. 71

Einsingen vor einem Auftritt

Oftmals trifft man auf die Aussage, dass Einsingen vor einem Auftritt oder einem Konzert besonders intensiv durchgeführt werden sollte, um sich bestmöglich auf das bevorstehende Konzert vorzubereiten. Diese Einstellung kann jedoch zu Problemen führen. Grundsätzlich sollte sich Einsingen vor einem Konzert nicht wesentlich von einem gewöhnlichen Einsingen vor einer Probe unterscheiden. Extravagante oder besonders lange Warmups können den Chor verunsichern und der stimmlichen Leistung schaden:

1. Führen Sie keine neuen Übungen durch, um den Chor nicht zu verwirren.

2. Halten Sie strikt eine Steigerung ein. Auch vor einem Konzert muss die Stimme langsam aufgewärmt werden.

3. Überfordern Sie die Stimmen nicht. Auch bei einem Konzert gibt es keinen Anlass, noch einmal eine Steigerung zu den Proben hinzulegen. Wenn Probenarbeit konsequent und zielführend durchgeführt wurde, ist auch das Auftrittsmaximum schon erreicht worden.

4. Lang ist nicht gleich besser: Da Aufwärmübungen oft sehr energiefordernd sind, kann es passieren, dass genau diese später beim Auftritt fehlt. Ausgiebiges Koloraturen-Singen oder die zwanzigste Zwerchfellatmung bringen keinen Mehrnutzen.

5. Richten Sie Rituale ein: Jeder Mensch ist abergläubisch, zumindest was Rituale angeht. Greifen Sie darauf zurück und führen Sie Rituale vor Konzerten ein. Der Gruppenzusammenhalt und die Motivation werden sich bedanken.

Stimme schonen

Die kalte Jahreszeit ist gleichzeitig die gängigste Konzertzeit. Das stellt unsere Stimme vor große Herausforderungen. Grippe- und Erkältungsviren geistern umher und die Räume sind durch die Heizung warm und trocken. Da kommt es schnell zu unerwünschter Heiserkeit. Die folgenden Tipps sollen Ihnen dabei helfen, Ihre Stimme zu schonen und eine schnelle Regeneration zu ermöglichen. Bei gesunder Stimme und normalem Gebrauch ist eine besondere Schonung jedoch meist nicht nötig:

1. Flüstern vermeiden:
   Viele meinen, Flüstern würde die Stimme schonen. Das Gegenteil ist jedoch der Fall. Flüstern beansprucht die Stimmlippen viel stärker als leises Reden.

2. Kein Räuspern
   Räuspern ist eine Angewohnheit, die viele Menschen besitzen und unbewusst durchführen. Für die Stimme ist es jedoch ausgesprochen schädlich. Sollte Ihre Stimme belegt sein, versuchen Sie stattdessen lieber ein sanftes Abhusten.

3. Trockene Räume vermeiden
   Besonders im Winter macht die trockene Raumluft der Stimme zu schaffen. Durch die warme Luft trocknen unsere Schleimhäute aus. Das ist nicht nur ein Risikofaktor für ärgerliche Erkältungen sondern schadet auch der Stimme.

4. Viel Trinken
   Trinken befeuchtet unseren Rachen und ermöglicht eine körperliche Kompensationsfunktion bei trockenen Schleimhäuten. Greifen Sie dabei jedoch auf die richtigen Getränke zurück. Bewährt haben sich Salbei- oder Kräutertees. Alkohol hingegen ist kontraproduktiv.

5. Reden ist Silber, Schweigen ist Gold
   Reden ist immer eine Belastung für die Stimme. Gesunden Stimmen macht das nichts aus. Bei Erkältung oder Heiserkeit kann es jedoch hilfreich sein, einfach einmal zu schweigen. Es heißt, dass an der Wiener Staatsoper Sänger und Sängerinnen vor wichtigen Auftritten konsequent auf Reden verzichten und stattdessen immer einen Block mitführen, um sich zu verständigen.

6. Vermeiden Sie scharfe Bonbons
   Viele Bonbons erhalten ätherische Öle, welche die Stimme zusätzlich angreifen. Auf das verbreitete Eukalyptus-Bonbon sollte daher lieber verzichtet werden.

Wie halten es Profis mit dem Einsingen?

So unterschiedlich die Profis, so unterschiedlich auch ihr Umgang mit Einsingen und Warm-Ups. Für viele Profichöre und klassische Sänger an Oper und Theater ist Aufwärmen und Einsingen eine selbstverständliche Übung.

Anders verhält es sich im Bereich der Populärmusik. Viele Sänger wärmen sich gar nicht auf und widmen sich stattdessen anderen Vorbereitungen. Robbie Williams z.B. braucht für seine Vorbereitungen vor einem Konzert etwa fünf Stunden, die für Massage, Makeup und Styling verwendet werden. Jeanette Biedermann hingegen war bekannt für ihr ausführliches Aufwärmen. Auch Bruno Mars sang sich zu Beginn seiner Karriere intensiv ein, auch um der Aufregung vor Konzerten entgegenzuwirken. Mittlerweile sieht aber auch er das Aufwärmen gelassener. Auch dort zeigt sich wieder: Ein ultimatives Konzept gibt es nicht.

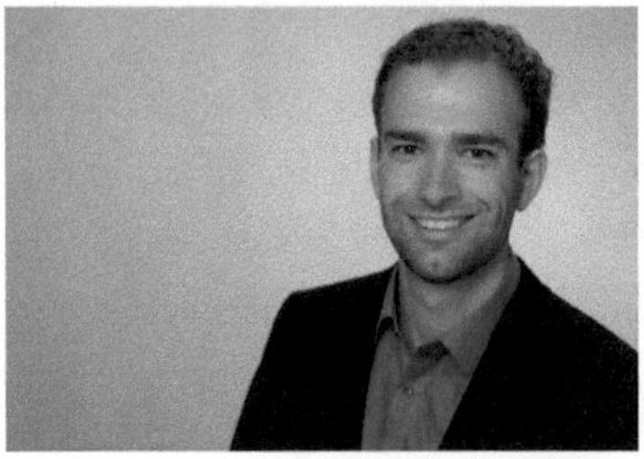

Zum Autor:

Benedikt Lorse, Jahrgang 1992, kam schon während seiner Schulzeit mit Chorleitung und Aufführungsleitung von Musicalveranstaltungen in Kontakt. Nachdem der studierte Lehrer seinen eigenen Musikverlag gegründet hatte, widmete er sich insbesondere der Beratung und Unterstützung von Laienchören. In diesem Buch gibt er daher auch viele praktische Tipps aus seiner Arbeit als Chorleiter.